43 balades sur les sites du Conservatoire du littoral

La Corse entre terre et mer

Dakota éditions

Sommaire

Au fil de ce livre, les mots suivis d'un astérisque* sont expliqués page 160

Le Conservatoire du littoral **Pourquoi** et **pour quoi faire ?**

Pendant très longtemps, le littoral a été une frontière d'où partaient des bateaux de pêche, de commerce ou de guerre, mais où nul ne se rendait pour le plaisir. En dehors des côtes bretonnes « habitées » de longue date, les populations s'éloignaient au contraire de la mer pour fuir les pestilences des zones humides ou les dunes mises en mouvement par le vent ou encore pour se préserver de la piraterie.

En un peu plus de cent ans, cette situation s'est inversée. Le littoral est devenu le lieu de multiples activités qui entrent parfois en conflit entre elles pour se disputer l'usage de cette étroite bande entre la terre et la mer. Le littoral n'est plus un espace vide à conquérir, un réservoir infini d'usages possibles, mais un bien rare et fragile menacé de disparition.

Quelles sont les raisons qui ont amené les pouvoirs publics à considérer le littoral comme un bien précieux dont l'avenir ne peut être déterminé par le seul jeu des rapports de force financiers ?

Un impératif **biologique**

La valeur biologique des milieux littoraux résulte de leur caractère d'interface entre la terre et la mer. Ils sont d'une richesse exceptionnelle du fait des interactions qui s'y établissent. Le littoral abrite ainsi de nombreuses espèces animales ou végétales rarissimes ou menacées de disparition, qui sont toutes du plus grand intérêt pour la conservation de la biodiversité.

Une nécessité **sociale**

Pour les dizaines de millions de visiteurs et les habitants permanents qui fréquentent chaque été le littoral, le maintien ou la reconquête d'espaces ouverts à tous apparaît comme un véritable enjeu social.
Or l'urbanisation linéaire « les pieds dans l'eau » ou « avec vue sur la mer », le produit du libre jeu du marché, dresse progressivement, le long des rivages, l'équivalent d'un mur de constructions et de clôtures.
Cette aspiration à la liberté d'accès et non pas seulement à la protection de l'espace a joué un rôle important dans la création du Conservatoire.

Littoral de Campumoru

Un atout **économique**

Protection et développement ne sont pas nécessairement antagonistes, mais peuvent et doivent se réconcilier dans une recherche permanente d'équilibres.
L'industrie touristique, première richesse économique des régions littorales, se nourrit d'une aspiration à la nature qui repose sur la préservation d'une part significative du littoral sauvage. Les 30 millions de visites que reçoivent chaque année les terrains du Conservatoire illustrent cette réalité. Or, l'urbanisation incontrôlée altère cette image et crée déjà de véritables friches touristiques dont la reconquête, difficile et coûteuse, s'imposera à terme.

Le chardon bleu, emblème du Conservatoire du littoral

Une valeur **culturelle**

Le littoral, où les limites de la terre, de la mer et du ciel se rencontrent et se confondent, est aujourd'hui perçu comme un lieu de rêve, d'imagination et de contemplation.
Des artistes ont contribué à « l'invention » de ce regard partagé en révélant au plus grand nombre la force esthétique et symbolique des paysages littoraux. Dans ce sillage, de plus en plus nombreux sont ceux qui y trouvent une ouverture à la beauté, à la liberté, à une autre relation au monde.
Patrimoine naturel et création culturelle se conjuguent ainsi pour former des sociétés à forte identité et toute atteinte irrémédiable à la nature est reçue comme une altération du lien affectif qui relie une population à son territoire, voire comme un appauvrissement spirituel.
Cette multiplicité de dimensions et cette richesse sensible, qui font du littoral un espace « pas comme les autres », sont à l'origine de la création du Conservatoire et inspirent directement ses modes d'action.
Au 1er janvier 2011, le Conservatoire du littoral est garant de la protection de 138 000 hectares, soit plus de 1 200 km de rivages, 600 sites naturels qui seront transmis intacts aux générations futures.

Préserver les rivages de la **Corse**

Acquérir d'abord

Une île de granite, de schiste et de calcaire, la mer et le vent. Les rivages de la Corse sont nés de cette rencontre tumultueuse. D'une rencontre aussi avec les hommes qui, très tôt, se sont installés sur ces côtes et ont dû les déserter souvent.

Pour préserver et laisser évoluer ces paysages et ce monde vivant, pour ne pas répéter ici les erreurs commises ailleurs, depuis trente-six ans, le Conservatoire du littoral et les collectivités locales ont engagé une ambitieuse politique de protection. À ce jour, 23 % du linéaire côtier insulaire et 18 000 hectares sont définitivement promis à un avenir naturel.

Soixante-huit sites ont ainsi été acquis avec l'accord des communes et du Conseil de Rivages. Ils comprennent les paysages les plus emblématiques de la Corse. Certains sites couvrent plusieurs milliers d'hectares ; ils s'étendent loin vers l'intérieur des terres.

Petits ou grands, ces espaces contribuent au caractère et à l'identité de la Corse. La végétation peut s'y développer, la faune y vivre, s'y abriter ou y faire étape. Et de nombreux vestiges témoignent de la présence ancienne des hommes. Des hommes qui aujourd'hui peuvent cultiver la terre, exploiter les étangs, élever du bétail, se promener, rêver, en harmonie avec ce qui les entoure. Ces espaces littoraux contribuent grandement à la sauvegarde d'un patrimoine biologique remarquable, parfois endémique*, souvent rare ou menacé ; comme ces plantes et animaux des maquis*, des dunes, des crêtes et falaises rocheuses, des îlots marins, des ruisseaux, marais, lagunes* et mares temporaires. Certains sont emblématiques comme le genévrier à gros fruits, le balbuzard pêcheur ou le puffin cendré. D'autres jouent la discrétion comme la *Nananthea*, marguerite lilliputienne, les fauvettes des maquis ou les geckos relictuels* tapis dans d'étroites fissures au cœur des rochers.

Punta di Triu, golfe de Sagone

Et comme les hommes se sont d'abord installés sur les rivages, lieux de passage, de commerce, d'échange de savoir, d'enjeux militaires, etc., ils ont laissé de nombreux vestiges, du néolithique à l'époque moderne. Les paysages, les toponymes, les légendes, conservent l'empreinte de ceux qui sont passés, de ceux qui ont vécu en ces lieux.

Aménager ensuite

Une fois acquis, mis à l'abri de l'urbanisation ou de transformations brutales, les sites ont souvent besoin d'être aménagés. Lorsqu'elle est nécessaire, cette intervention doit être pensée et réalisée avec délicatesse et tendre à s'effacer dans les paysages naturels. Il s'agit de remettre en état des espaces dégradés par des pratiques non-respectueuses (incendies, passages de véhicules à moteur, dépôt de gravats, envahissement par des plantes exotiques...), de réhabiliter des écosystèmes fragiles (dunes, zones humides, pelouses littorales) et d'organiser une fréquentation douce (suppression de pistes, aménagement d'aires de stationnement en retrait du rivage, création de chemins de promenade ou de moyenne randonnée...). Les travaux comprennent aussi la mise en valeur de paysages culturels (restanques*, murets) et la conservation ou la restauration de patrimoine rural (paillers*, fontaines, fours...), d'architectures militaires (tours littorales, forts), ou religieuses et de sites archéologiques. Ces aménagements sont mis en œuvre par le Conservatoire du littoral avec le concours financier de la Collectivité territoriale de Corse/Office de l'Environnement, du département de la Corse-du-Sud, du département de la Haute-Corse, de l'Agence de l'eau, de l'État et de l'Union Européenne.

68 sites où s'épanouissent la nature et les hommes représentant plus de 18 000 hectares définitivement préservés.

Protection nationale et gestion locale

Les collectivités territoriales font vivre les sites au quotidien

Un quart du linéaire côtier de la Corse est, avec le Conservatoire du littoral, définitivement soustrait à l'urbanisation. **18 000 hectares et 68 sites** sont ainsi promis à un avenir naturel et cette intervention se poursuit. Voulue et accompagnée par les collectivités, **la protection des terres littorales est un élément fort de l'aménagement du territoire de l'île**.

Les sites sont gérés localement, au plus près des réalités des territoires, par les départements de la Haute-Corse et de la Corse-du-Sud, en concertation étroite avec les communes. Les deux départements, l'Office de l'Environnement de la Corse, le Syndicat intercommunal Elisa et l'Association Finocchiarola-Pointe du Cap Corse emploient une soixantaine de gardes affectés à la gestion des sites, c'est-à-dire leur surveillance, leur entretien, leur animation. Cette **forte implication des collectivités territoriales** est fondamentale ; grâce à elle, les sites peuvent vivre, être entretenus et accueillir des visiteurs dans de bonnes conditions. La gestion au quotidien repose aussi sur les initiatives d'acteurs locaux, éleveurs, associations, écoles, CPIE, usagers, etc. ; elle se conjugue avec les actions menées par les réserves naturelles, le Conservatoire régional des sites ou le Parc naturel régional.

HAUTE-CORSE
CONSEIL GENERAL
www.haute-corse.fr

Office de l'Environnement de la Corse

Conseil Général Corse du Sud

L'île des cimes **et des rivages sublimes**

Une formation en deux temps **et mille mouvements**

Pour façonner un joyau minéral, il faut parfois que des forces titanesques s'affrontent. Ainsi est née la Corse. Une pression phénoménale, exercée par la plaque tectonique africaine sur la plaque eurasienne, a peu à peu fait craquer, du côté des massifs de l'Estérel et des Maures, tout un pan de notre continent, créant ainsi le bloc corso-sarde, terre cristalline en dérive géographique depuis près de 20 millions d'années.

Formée dans un premier temps à l'ouest par ces roches vieilles d'environ 300 millions d'années et, dans un second temps, à l'est, par un segment de la chaîne alpine soulevée plus tard par cette même poussée extraordinaire, traversée par un sillon central, la Corse est un trésor géologique, creuset d'étonnantes métamorphoses. Île la plus montagneuse de Méditerranée, elle possède plusieurs dizaines de sommets de plus de 2 000 mètres d'altitude qui en font un véritable royaume des cimes.

Au cœur d'un sanctuaire marin protégé pour ses richesses sous-marines, qui comprennent notamment 7 espèces de grands mammifères marins, Kallisté, la belle, ainsi nommée par les Grecs, est bordée au large de ses côtes occidentales et septentrionales de fosses sous-marines abyssales. Leur profondeur avoisine la hauteur du point culminant de l'île, le Monte Cintu,

Pour façonner un joyau minéral, il faut parfois que des forces titanesques s'affrontent. Ainsi est née la Corse.

En bordure de la vallée de l'Ostriconi (Agriate)

qui s'élève à 2 706 mètres d'altitude. Entre le fond de la mer et les sommets les plus hauts, ce sont donc plus de 5 000 mètres de dénivelé qui accueillent, sous l'eau et dans les airs, une diversité extraordinaire de milieux naturels. De la blancheur des étages alpins aux ténèbres des fonds marins, se sont adaptées de multiples formes de vie dont le littoral corse, riche d'une grande variété d'habitats, abrite un bel échantillon.

Un peuplement venu du fond des âges

Fragments d'un continent unique et de l'Océan Primordial, la Pangée et Panthalassa, les terres et les mers déplacées à la surface du globe par le jeu de la tectonique des plaques accueillent, depuis les origines de la vie, espèces végétales et animales. Les îles, comme la Corse et la Sardaigne, ont été isolées très tôt, ce qui a rendu possible la conservation de lignées animales et végétales archaïques qui ont été éliminées des régions continentales par l'arrivée de compétiteurs plus « modernes ». Grâce à l'isolement, à l'absence d'échange de gènes avec les populations environnantes, des formes endémiques* sont apparues. Ces plantes ou animaux, riches d'une longue histoire évolutive, contribuent au caractère singulier et remarquable de la nature en Corse.

Entre côtes orientales et occidentales, **des ambiances aux antipodes**

Sur près de 1 000 kilomètres, les rivages de Corse présentent des paysages très contrastés. Longs cordons dunaires, lagunes* et zones humides bordées vers l'intérieur des terres de hauts reliefs, composent sur le littoral nord-oriental, du côté des étangs de Biguglia, Urbinu et Palu, des paysages d'une rare beauté. Ici, atmosphères marines et montagnardes s'interpénètrent dans un tableau haut en couleur ; visions mêlées du blond des dunes, du bleu de la mer et des lagunes, des nuances du maquis* et du blanc des sommets enneigés. Lieux amphibies imprégnés d'activités aquacoles traditionnelles et de présence d'oiseaux d'eau sauvages, ces rivages offrent d'authentiques décors lacustres où filets de pêche tendus sur des pieux, barques plates et parcs conchylicoles se marient à ravir aux silhouettes des flamants roses, aigrettes garzettes et autres grands échassiers.

Plus au sud, de Fautea à la Rondinara, règnent les petites criques sableuses et les pointes rocheuses où, après avoir profité

des bienfaits au soleil, il fait bon aller explorer les fonds sous-marins, en une itinérance aquatique dans des eaux claires, avec palmes, masque et tuba.
Sur la façade nord occidentale, passé le Cap Corse, territoire sauvage survolé par les oiseaux migrateurs, puis l'Agriate, qui n'a de désert que le nom, c'est le vertige. De hautes falaises plongent dans la mer, telle celle de Capu Rossu, une des plus hautes d'Europe. Avec la réserve naturelle de Scandola et les calanche de Piana, ces à-pic entourent le golfe de Porto, classé au patrimoine mondial de l'Unesco. Dans ce paradis pour balbuzards pêcheurs, il n'y a guère de transition entre la terre et la mer, si ce n'est aux embouchures de rivières aux régimes torrentiels, comme le Fangu, qui, après avoir traversé d'étonnants paysages d'Europe centrale et s'être engouffré sous terre, ressurgit soudain aux abords de verdoyants rivages.
De Capu di Muru au Capu di Fenu de la côte sud, caps et chaos rocheux cyclopéens s'étirent en mer. Sur cette frange littorale, s'étend le pays des *taffoni**, roches sculptées par l'érosion en de multiples formes fantasmagoriques ; dauphin de Campumoru, gorille de la Testa et autres créatures qui ont inspiré bien des légendes.
Enfin, à hauteur de l'Ermitage de la Trinité, surgissent soudain les falaises blanches de Bonifacio, enclave calcaire stratifiée en un causse majestueux, situé à l'extrême sud-est d'une Corse essentiellement granitique et schisteuse, séparée de la Sardaigne toute proche par les tumultueuses Bouches de Bonifacio.

Entre le fond de la mer et les sommets les plus hauts, ce sont plus de 5 000 mètres de dénivelé qui accueillent sous l'eau et dans les airs une diversité extraordinaire de milieux naturels.

Un cormoran face aux vestiges de la tour de Mortella

De menhirs en tours génoises, une longue histoire jalonnée de patrimoine

Faune des origines et apports continentaux

Une présence animale existait sur l'île lorsque le bloc corso-sarde s'est détaché des régions continentales, emmenant avec lui une grande partie de la flore et de la faune vivant à cette période. Isolée durant la majeure partie de son existence, peuplée dès les premiers temps de sa naissance, la Corse connaîtra cependant quelques épisodes où elle sera à nouveau reliée aux continents proches.

Île convoitée depuis longtemps par les hommes, la Corse a accueilli au cours de son histoire de nombreuses populations. À l'extrémité nord-est du Cap Corse, un matériel archéologique énigmatique, dont des amoncellements de bois de cerf de Caziot, a été retrouvé. Cette découverte interpelle sur une présence humaine qui remonterait à plus de 60 000 ans. Les preuves d'une implantation avérée datent de près de 9 000 ans, avec, entre autres, la découverte du squelette de la dame de Bonifacio, exhumé de l'abri-sous-roche d'Araguina-Senola. Bien plus tard, la civilisation des Grandes Pierres s'établira sur l'île, édifiant de prestigieux alignements mégalithiques, comme les 258 menhirs sculptés de Palaggiu. Au milieu du second millénaire avant Jésus-Christ, seront élevés de colossaux monuments circulaires, les « torre » qui possèdent de nombreuses affinités avec des édifices sardes, les *nuraghe*, ou des Baléares, les *talayots*. Phocéens, Romains, Lombards puis Francs leur succéderont jusqu'à l'avènement des cités maritimes italiennes.

Après la défaite pisane face à la flotte génoise, Gênes assoira durablement son emprise à partir de la fin du XIIIe siècle grâce au découpage de l'île en fiefs que se disputeront inlassablement les seigneurs, faisant régner la terreur parmi les populations. De ces exactions naîtra un courant de pensée en rupture avec cette féodalité, qui aura pour finalité le partage de tous les biens. Ce mouvement aboutira à la scission de la Corse en deux entités distinctes : au nord-est, l'En Deçà-des-Monts, à l'exception du Cap Corse, où se développera un système communal, et au sud-ouest, l'En Delà-des-Monts, où perdurera le régime des seigneurs. Cette dualité, longtemps sous contrôle génois, marquera l'histoire et le paysage de la Corse jusqu'à nos jours, notamment par l'opposition entre grands propriétaires sédentaires et bergers nomades, implantés sur un même territoire jalonné par tout un patrimoine en pierre qui témoigne, des estives à la mer, de leurs empreintes respectives.

Quand la Méditerrannée disparaît

Il y a 6 millions d'années, le passage vers l'océan Atlantique se refermait, entraînant l'assèchement de toute la Méditerranée. Durant cette période appelée « crise de salinité messinienne », l'île sera accessible à la faune d'Europe et d'Afrique pendant plusieurs centaines de milliers d'années. Puis brutalement, en quelques décennies, l'eau revint, rendant son insularité au bloc corso-sarde et entraînant une baisse générale du niveau des océans de l'ordre d'une quinzaine de mètres.

Au XVe siècle viendra le temps de la puissance ottomane décuplée à partir de la chute de Constantinople en 1453, des guerres de course à travers lesquelles s'affronteront les grandes puissances méditerranéennes et des raids corsaires, barbaresques et autres, qui pousseront la République de Gênes à s'engager dans la difesa torregiana, vaste programme de construction de tours d'alerte et de défense des côtes. La révolution corse et l'arrivée de la France agiteront encore ces rivages où fut construit à partir du début du XIXe siècle, de caps en points culminants, un réseau de phares qui viendra compléter le patrimoine bâti du littoral de l'île.

Oratoires dispersés dans le chaos rocheux

Vers un **état de surprise**

Au cours de chacune des balades de ce guide, vous passerez, à un moment ou à un autre, d'un état ordinaire à un état de surprise. Ainsi, l'accélération spectaculaire du temps s'exprime à Mucchiatana, avec l'appétit croissant d'une mer dévorant, mètre à mètre, un rivage où des genévriers vénérables vieillissent paisiblement. À Pinetu, la vie renaissant du feu est une leçon d'écologie méditerranéenne, témoin la vigueur du maquis au pied des silhouettes carbonisées de chênes lièges. Dans la forêt de Pinia, les balcons d'Urbinu ouvrent de splendides fenêtres végétales sur une des plus grandes lagunes de Corse. Sur l'étang de Palu, un pêcheur, homme rare et avenant, perpétue avec passion une tradition ancestrale. L'épaisseur historique de l'île et la frayeur barbaresque s'appréhendent à Fautea, avec la découverte de la première tour génoise visible de la route, oh combien imposante. Tamaricciu, oasis de paix, invite à la quiétude, tandis qu'à Rondinara, le va-et-vient des pelotes de posidonies* roulées par l'écume exerce son pouvoir hypnotique. Le Fangu, à l'approche de la mer, en appelle au respect de l'instabilité de son régime et de ses divagations, autre leçon, d'écologie fluviale celle-là. Tout le contraire, au bout de la Punta Spanu, où la Corse insulaire, s'incarnant en chimères dans la roche, défie les fureurs marines qui l'assiègent de toutes parts. Le bâti omniprésent de pierres sèches, dans l'Ostriconi, révèle une civilisation de la montagne en même temps que son naufrage au creux des vallons littoraux. Histoire entre terre et mer qu'impose, dans la baie de Saint-Florent, le regard d'une tour, la Mortella, défigurée sous les coups de canons. Destinée ingrate de l'Agriate que le bleu turquoise de la mer semble dissoudre sur la plage de Saleccia et dont on ne sait ce qu'il reste de vivant chez ceux qui viennent là jouir de l'exotisme insulaire. Les vaches corses, étendues sur la plage de Gradelle, mi-sauvages, mi-domestiquées, montrent un tout autre visage du littoral. Au Capu Rossu, la puissance s'impose, minérale, avec son gigantesque dôme de porphyre rouge, et animale,

Glaciations et migrations

Quelques épisodes climatiques relieront également la Corse au continent Européen. Ainsi, au plus fort de la dernière période glaciaire, il y a 18 000 ans, le niveau de la Méditerranée était bien inférieur à celui d'aujourd'hui. Le Canal de Corse était à ce moment à son plus bas niveau, ce qui permit le passage puis l'implantation d'une végétation et d'une faune terrestres proches de celles de la péninsule Italienne. Les variations du niveau de la mer ont donc contribué à l'arrivée de nouvelles espèces. Les communautés vivantes des îles sont le résultat d'un équilibre dynamique entre colonisations et extinctions.

Pelotes de posidonies

Figuier de barbarie

avec le long vol plané des grands corbeaux. À Triu, ce sont d'admirables jardins que les embruns dessinent. Que dire de Capu di Muru si ce n'est, au-delà de la beauté sauvage de ce cap, cette rencontre inattendue avec le sacré, à la chapelle « A Madonuccia » et tout autour de ce lieu de pèlerinage. Du haut de la tour de Campumoru, un banc de grands dauphins suffit à faire entrevoir la richesse de ces eaux préservées, alors qu'à Canuseddu et sur le long itinéraire de Conca-Senetosa, toute la dimension agropastorale de l'île se révèle. À Bruzzi, l'eau et le vent se font paysagistes en sculptant le minéral et le végétal. La majesté du lion de Roccapina, comme le galbe sensuel de certaines formes de la Testa, ainsi que bien d'autres *taffoni* étranges ouvrent les portes de l'imaginaire et de la rêverie. De Capu di Fenu à la Strada Vecia, 30 000 siècles de géologie nous contemplent, nous rendant à notre humble dimension…

L'île de Beauté est une perle rare protégée avec passion et raison par les Corses et le Conservatoire du littoral.

Marche, tu verras…

Marcher sur les rivages corses, c'est cheminer vers les grands équilibres, ceux qui relient corps et esprits, hommes et nature ; c'est découvrir que l'île de Beauté, située au cœur d'un bassin méditerranéen trop souvent surexploité, est, bien au-delà des mots, une belle réalité, perle rare protégée avec passion et raison par les Corses et le Conservatoire du littoral.

Daniel Kempa, avec les contributions de Michel Delaugerre, Corinne Gense et Jean-Emmanuel Roché.

Filet et barque de pêcheur (golfe du Valinco)

Le littoral corse **en images**

À l'extrême sud de la Corse, une plage avec vue sur les sommets

La montagne dans la mer

Hasard des formations rocheuses, au Capu Rossu

Lumières vespérales sur le golfe de Porto

La tour de Campumoru sur les côtes granitiques de Senetosa

Paysages du sable

Touffes d'oyats dans les dunes du Cap Corse

Environs de Bonifacio, La Tonnara après la pluie

Transparences aquatiques sur le littoral sartenais

Bleu corse

La tour de Fautea domine une mer turquoise, non loin de Porto-Vecchio

Tortue cistude

Lézard de Bedriaga

Portraits écailleux

Lézard tiliguerta

Les *taffoni*, chimères des rivages

Puissance surréaliste d'une œuvre de la nature

Le sel, l'eau, le soleil et le vent sculptent en Corse de bien étranges figures, appelées *taffoni*

Le pin parasol et ses branches amplement déployées

Asphodèles au Capu Rossu

Euphorbes arborescentes dans le golfe de Porto

Flore et maquis

Chênaie à l'embouchure du Fangu

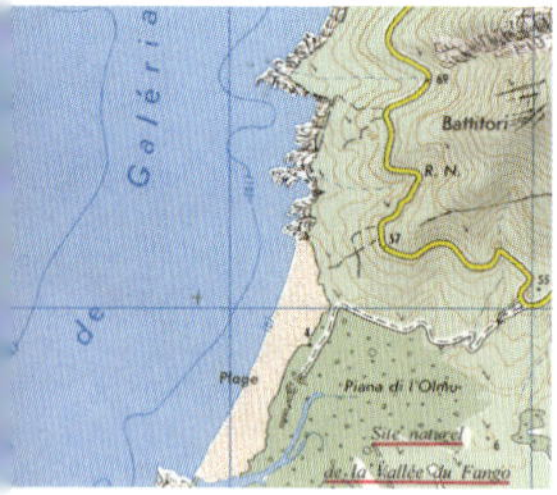

Une multitude d'informations qui figurent sur les cartes IGN vous aidera à vous orienter : ponts, sentiers, bois, courbes de niveau, églises, ruines...

Balades, **mode d'emploi**

Voici quelques conseils et astuces pour une balade sans encombres et respectueuse de l'environnement.

Nos balades ne nécessitent aucun équipement particulier en dehors de chaussures de marche. Une paire de jumelles est vivement recommandée pour observer les oiseaux.

Pour connaître la difficulté et la durée, reportez-vous à l'encadré « pratique » à la fin de chaque balade.

Emportez un vêtement chaud et imperméable, prévoyez une tenue de rechange et un **chapeau.**

Pour limiter l'érosion et le piétinement de la végétation, restez sur les sentiers. Respectez aussi les propriétés privées. Le promeneur ne doit pas être ressenti comme une nuisance par les riverains des sentiers.

Ne laissez aucun déchet derrière vous, surtout pas de métal, de verre ou de plastique qui peuvent mettre plusieurs centaines d'années à se dégrader.

Ne cueillez pas de plantes. Ce geste peut entraîner la disparition de fleurs rares, et nuire aux papillons, oiseaux et autres insectes qui aiment aussi en profiter…

Ne pas camper ou bivouaquer en dehors des aires aménagées car cela peut détruire la flore, être la cause d'incendies et favoriser l'accumulation des déchets.

Autant que faire se peut, l'orthographe corse des noms de lieux a été respectée (ex. : Capu Rossu). Cependant, les noms officiels des communes n'ont pas été modifiés. On parlera par exemple de la baie de Campumoru dans la commune de Belvédère-Campomoro.

* Les mots suivis d'un astérisque sont expliqués dans le glossaire, page 160.

Explication des symboles figurant dans les encadrés pratiques

- Comment se rendre sur le site
- Comment trouver le point de départ de la balade (si nécessaire)
- Durée de la balade, difficultés éventuelles, précautions à prendre, conseils divers…
- À voir ou à faire dans les environs

En vente en librairie
ou sur Internet : www.dakotaeditions.com

- À deux pas de Paris
- Alsace
- Autour de Paris
- Baie de Somme
- Bretagne
- Camargue
- Corse
- Fontainebleau
- Hautes-Pyrénées
- Jura
- Languedoc-Roussillon
- Limousin
- Luberon
- Marais poitevin
- Nord
- Normandie
- Paris
- Pas-de-Calais
- Pays basque
- Provence
- Rhône-Alpes (5 titres)
- Verdon
- Volcans d'Auvergne
- etc.

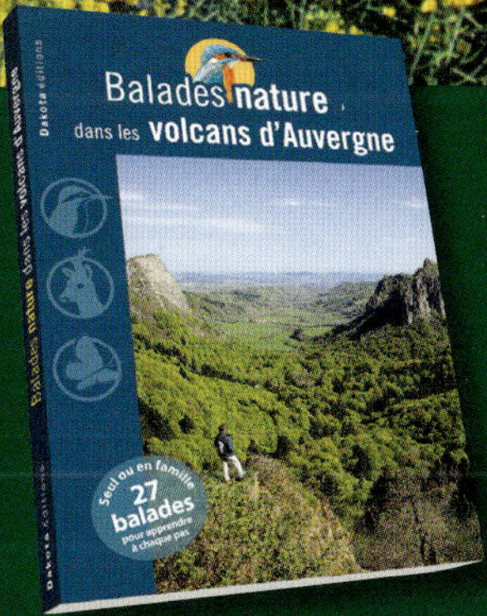

http://www.dakotaeditions.wordpress.com

Le Cap Corse

Face à la Toscane, à ses îles en archipel, pointant vers la Ligurie, le Cap Corse est depuis l'Antiquité une péninsule stratégique pour la navigation et les échanges dans cette partie de la Méditerranée occidentale. Les oiseaux migrateurs y font escale et les îles qui ponctuent ces rivages, Finocchiarola, Giraglia, Capense, sont autant de précieux sanctuaires de nature abritant des colonies d'oiseaux marins, des plantes et des animaux rares.

La qualité des paysages et l'intérêt des écosystèmes de la pointe du Cap Corse sont reconnus et ce territoire bénéficie de protections multiples : site classé, réserve naturelle, arrêté de biotope, Conservatoire du littoral, Natura 2000, etc., ainsi que d'une gestion active.

I

La pointe du Cap Corse
Charme sauvage d'un bout du monde

Les paysages encore très naturels de la pointe du Cap Corse et ses hameaux traditionnels font de cette péninsule un espace de toute beauté. C'est aujourd'hui un site classé sur 2 500 hectares, dont plus de 670 hectares appartiennent au Conservatoire du littoral.

À l'est du Cap Corse, le relief est doux et la mer proche. Les tours littorales, les îles toscanes, Finocchiarola et la Giraglia sont autant de points de repère dans le champ visuel. À l'ouest, la côte plus abrupte donne au littoral un caractère fort, plus sauvage.

Richesse des écosystèmes

La pointe du Cap recèle une grande variété d'habitats naturels : des îlots marins, des falaises maritimes, des dunes de sable, de nombreuses zones humides (mares temporaires méditerranéennes, lagunes*, marais, petites embouchures estuariennes), des espaces de maquis* bien sûr et des rivières méditerranéennes (l'Acqua Tignese notamment) demeurées complètement naturelles, sans aucune intervention sur leur cours. Autant de refuges inestimables pour la biodiversité.

Des habitats précieux pour la flore…

Sur l'îlot Capense vit la plus petite marguerite d'Europe, *Nananthea perspusilla*, endémique* de Corse et de Sardaigne. Des espèces des climats méditerranéens les plus chauds se développent sur le site de la pointe du Cap : genévrier de Phénicie et

Le sémaphore du Capo Grosso et l'île de la Giraglia vus depuis le ferry se rendant à Bastia

bruyère multiflore. La lagune de Barcaggio accueille *Lippia nodiflora* qui, en France, ne pousse qu'ici. Le gattilier, ou poivre des moines, compte aussi parmi les espèces rares et protégées du site : on trouve en effet à l'embouchure de l'Acqua Tignese l'un des plus beaux peuplements de Corse. Enfin, peuvent être observées les plantes caractéristiques du maquis : arbousier, bruyère arborescente, filaire à feuille étroite, lentisque, myrte, romarin, calycotome, chêne vert, trois espèces de ciste.

... comme pour la faune

Les îlots constituent de véritables laboratoires de la micro-évolution des espèces. Sur les îles Finocchiarola et La Giraglia, les lézards tiliguerta forment des sous-espèces particulières. La tarente n'est étonnamment présente, parmi les nombreux îlots de Corse, que sur ceux du Cap. Des colonies d'oiseaux marins trouvent encore refuge sur ces bouts de terre : cormoran huppé, puffin cendré, goéland d'Audouin. À la pointe du Cap, sont présents la plupart des batraciens et reptiles de Corse : lézards, les trois espèces de geckos de l'île, tortue cistude, couleuvres. Les petites zones humides, où les oiseaux peuvent stationner et s'alimenter, représentent une étape importante pour tous les migrateurs venant notamment du sud du Sahara. Les falaises de la côte occidentale accueillent des rapaces (balbuzard pêcheur et faucon pèlerin). Et le maquis abrite tout un cortège de petits oiseaux : fauvettes pitchou et sarde, pipit rousseline, traquet pâtre, verdier... En mer, entre la pointe du Cap et les Agriate, vit une population sédentaire d'une centaine de grands dauphins.

Un lieu stratégique

Située à proximité de la Toscane et sur la route maritime vers le continent, la pointe du Cap Corse est un lieu stratégique. Elle était jadis longée par de nombreuses embarcations, naviguant toujours à vue des côtes. Plusieurs vestiges témoignent de petites implantations romaines sur le site dès le IIe siècle avant J.-C.

Corses du bout du monde

Le Cap Corse est une terre de marins. Nombreux sont les habitants des villages partis naviguer vers les « Amériques », et plus particulièrement à Porto Rico. Les liens sont encore très forts entre la population locale et ces Corses du bout du monde.

Sentier des douaniers

Un sentier des douaniers, le long de la pointe du Cap Corse, relie Macinaggio, à l'est, et Centuri, à l'ouest. Les espaces naturels de la pointe sont gérés par par l'Association Finocchiarola-Pointe du Cap Corse qui édite un journal semestriel, téléchargeable sur www.pointeducapcorse.org

balade

Tous les trésors du Cap

Le sentier des douaniers au nord du Cap Corse permet de découvrir une immense plage de sable, des dunes mobiles, des genévriers tourmentés par le vent, des îlots rocheux… Le tout au cœur d'un site protégé, étape migratoire pour les oiseaux au printemps.

Les dunes de Barcaggio

À partir du parking ✖, vous pouvez soit longer le bord de mer en marchant sur la banquette de posidonies, si le niveau du ruisseau Acqua Tignese le permet, soit suivre le cours d'eau sur quelques dizaines de mètres vers l'amont et franchir un pont de bois ou le gué pour retourner vers le rivage.*

Après avoir traversé l'Acqua Tignese ❶, vous sillonnez un petit terrain parsemé de saules et de gattiliers. Cette essence, appelée aussi poivre des moines, est une espèce protégée. Elle se reconnaît à ses feuilles allongées et à ses graines rondes positionnées à l'extrémité de ses tiges en formant une grappe. Ses grandes inflorescences mauves apportent une touche appréciable de couleur en été. Ce massif constitue un important garde-manger pour des insectivores comme les fauvettes ou les pouillots.

Les champs et le maquis* bordant la mer abritent des oiseaux venant s'alimenter en graines ou en insectes. Les bergeronnettes printanières montrent une affection particulière pour les bovins.

Vous découvrirez, sur presque tout l'itinéraire, la bruyère multiflore aux fleurs rosées. C'est le seul endroit de Corse où elle pousse, mêlée à de grands romarins, à l'arbousier, aux cistes et aux myrtes.

Après 300 m, toujours en longeant la mer, sur la piste ou directement sur le rivage, vous arrivez au début d'une grande plage de sable ❷. Un crochet

Carte IGN 4347 OT (1 cm = 250 m)

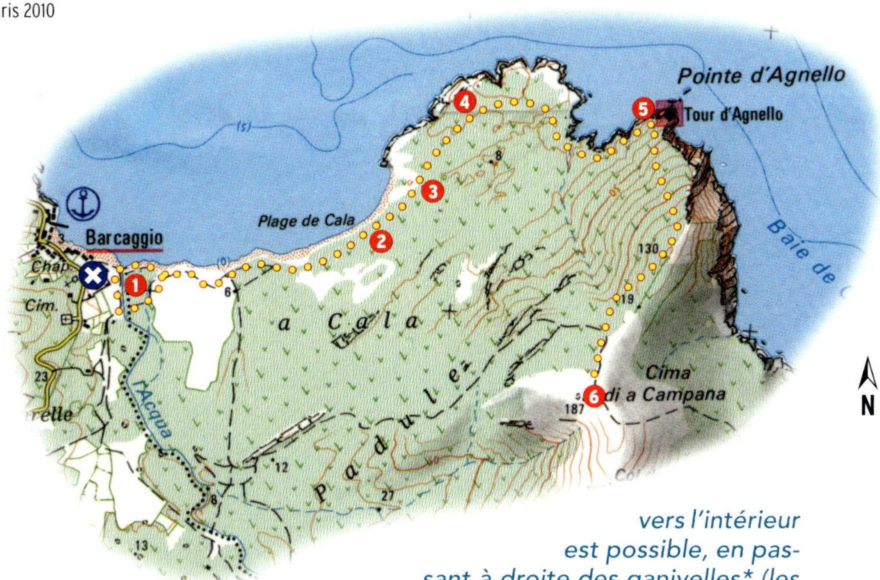

vers l'intérieur est possible, en passant à droite des ganivelles (les clôtures en lattes de châtaignier), pour visiter la lagune*.*

Arrêtez-vous près de la lagune. Un affût vous permettra d'observer plusieurs espèces d'oiseaux d'eau. La visite d'une fauvette sarde ou mélanocéphale vous divertira, tout comme les cris de pies-grièches écorcheurs ou à tête rousse.

Au printemps, la floraison des renoncules couvrira en grande partie la lagune gardée par des centaines de grenouilles vertes. Les yeux avertis pourront déterminer quelques espèces d'orchidées. Attention aux touffes piquantes de jonc aigu ! Le passage d'un busard des roseaux fera s'envoler quelques hérons et crier les foulques et les grèbes castagneux qui, tapis dans la végétation, vous donneront le signal du départ vers d'autres points d'observation.

Rebroussez chemin pour reprendre l'itinéraire en continuant le long de la plage jusqu'à la fin des ganivelles.

Ces dunes sont mobiles, et sans doute le sont-elles depuis longtemps. L'avant de la dune a été reconstitué par des travaux de restauration, et une petite dépression humide s'est formée en arrière. Crapauds verts, discoglosses sardes et grenouilles vertes s'y reproduisent. Sur ces rivages, une petite implantation romaine a été mise au jour.

Sur le sol, des animaux ont laissé leurs traces : du goéland au gravelot, du lézard au crapaud vert, vous aurez loisir à rechercher le propriétaire de chacune d'elles.

Les posidonies qui recouvrent en partie la plage ne sont pas des algues, mais des plantes sous-marines. Elles ont des fleurs, des graines et perdent leur feuilles. Véritable poumon et vivier de la Méditerranée, elles sont protégées. Elles viennent se déposer

balade

De la Pointe d'Agnellu, la baie, les collines et le littoral de Capandula

sur la plage et jouent un rôle protecteur du rivage lors de fortes tempêtes. Les boules que vous ne manquerez pas de trouver sur le sable résultent de l'émiettement des feuilles et rhizomes* de posidonies*, dont les fibres sont ensuite roulées par la mer jusqu'à former ces pelotes.

Suivez le balisage du sentier des douaniers ❸ au milieu des immortelles et des premiers genévriers.

La forêt de genévriers de Phénicie, seul passage de la balade véritablement à l'ombre, s'est installée sur une dune ancienne. Il faut se rendre en Corse-du-Sud pour retrouver un boisement avec autant d'arbres vénérables.

Après ce bosquet ❹, vous atteignez la tour d'Agnellu ❺ en restant sur le sentier qui longe la mer. Le chemin balisé se poursuit ensuite sur une centaine de mètres de dénivelé jusqu'à la crête.

Depuis la tour, si le vent n'est pas trop fort, vous pourrez longuement observer les hirondelles de rocher, les merles bleus et le couple de grands corbeaux qui nichent dans la falaise, ou encore la progression de cormorans huppés sous l'eau transparente. Le passage de goélands leucophée et d'Audouin au ras des ouvertures du premier étage peut offrir des observations remarquables.

Sur la crête, quittez le sentier balisé et bifurquez à droite pour gravir en quelques minutes la Cima di a Campana, culminant à 787 m, en empruntant la piste, sur votre gauche ❻.

Dès la tour, mais plus encore depuis la crête ou la Cima di a Campana, l'île de la Giraglia est visible dans sa plus faible largeur, contrastant avec la vue qu'on en a depuis Barcaggio où elle semble plus vaste. Le paysage est grandiose : d'un côté la plaine de Barcaggio, les dunes, la zone humide, la tour, au large l'île de la Giraglia ; de l'autre la vue file presque jusque sur les hauteurs de Macinaggio et de Rogliano. Les tours de Santa-Maria et de l'île Finocchiarola accrocheront votre regard. Par temps clair, vous ne manquerez pas non plus l'île de Capraia, distante de 30 km à peine. Vous découvrirez enfin au nord l'île de la Gorgona et, au sud, celle d'Elbe (en face de Bastia). Ces terres italiennes font partie de l'archipel toscan.

Parvenu au point 6, retournez sur vos pas jusqu'au point de départ.

Bateaux de pêche dans le petit port de Barcaggio

Pratique

Prenez la D 80 au départ de Bastia. À Macinaggio, suivez cette même route jusqu'au croisement avec la D 253 à droite qui vous conduira en 30 mn à Barcaggio. La balade commence au parking de Barcaggio qui se situe face à la mer et qui borde le ruisseau Acqua Tignese.

Prévoyez 2 à 4 h pour 5 à 6 km de balade et moins de 200 m de dénivelé. Emportez un chapeau, équipez-vous de bonnes chaussures de marche, d'un maillot de bain et d'un litre d'eau.

La meilleure période pour se promener est le printemps (mois d'avril et mai) ; la flore est resplendissante et la migration des oiseaux bat son plein.
Si vous venez en voiture de Bastia, poursuivez votre périple par la côte ouest. Vous découvrirez plusieurs marines et vous surplomberez presque toujours la mer de quelque 100 m. Dès le moulin Mattei (entre Ersa et Barcaggio), vous aurez peut-être la chance d'apercevoir en direction du sud-ouest la côte des Agriate et, par temps clair, quelques sommets encore enneigés des montagnes du Tenda ou du massif du Monte Cintu, dont le Monte Padru.

Hirondelle de rocher

Autres rivages **à explorer**

Monte Rossu (Morsiglia)

A Les moulins **de la pointe**

Un chemin suit ici la crête et offre des ambiances changeantes : maquis* haut, vestiges de terrasses de cultures, balcon aride dominant une falaise maritime vertigineuse. Vous tomberez sur deux moulins à vent, dont l'un est en ruine. Au début du XIXe siècle, pas moins de 14 moulins à vent venaient hérisser la pointe du Cap Corse. Bien qu'ils ne soient pas restés très longtemps en activité, leur fonctionnement était ingénieux : le toit, l'axe et les ailes s'orientaient en fonction du vent dominant.

Pratique

- Emprunter la D 35 qui relie Morsiglia à la Marine de Centuri. Départ sur le côté gauche de la D 35 (face à un petit stationnement).
- Balade 1 h environ ; retour par le même chemin ou par la route (20 mn).
- Moulins à vent.

Moulin Mattei (Ersa-Centuri)

B **Le Cap Corse** à perte de vue

Depuis le col de la Serra, un ravissant petit chemin mène au moulin Mattei. Cet ancien moulin à vent tranformé dans les années 30 en objet de réclame pour la marque d'apéritif Cap Corse Mattei, offre un magnifique panorama sur les trois mers Méditerranée, Tyrrhénienne et Ligure. Lors d'un parcours d'interprétation, vous découvrirez ensuite l'oratoire de Sainte-Restitude, à la vue imprenable sur le port de Centuri, la côte ouest du cap, l'Agriate et le massif du Monte Cintu.

Pratique

- Suivre la D 80, se garer sur le stationnement du col de la Serra « Moulin François Mattei ». Gravir le chemin vers le moulin (ouvert gratuitement à la visite en été).
- Balade 1 h 15.
- Moulin Mattei, oratoire de Sainte-Restitude.

Punta di a Coscia (Rogliano)

C Remonter le temps au fil des pas

Au départ du port de Macinaggio, longez la baie en direction de Punta di a Coscia, la *pointe de la cuisse* en corse. Cette colline est une rare enclave de calcaire dans une région de schistes. Le paysage s'y étend entre mer et marais, sur une plage couverte en hiver de banquettes de posidonies*. Vous y découvrirez un petit pont, témoin d'un ancien ouvrage de drainage datant du milieu du XIXe. En avançant vers la baie de Tamarone, la nature se fait de plus en plus belle : genévriers de Phénicie, bruyère multiflore, orchidées… Une flore splendide, qui rivalise avec un riche patrimoine géologique et archéologique.

Pratique

- Emprunter la plage au nord du port de Macinaggio, longer le début du sentier des douaniers du Cap Corse, et aller jusqu'à la plage de Tamarone.
- Balade 45 mn ; retour par le même chemin ou par la piste.
- Fours à chaux, carrière de calcaire, ancienne batterie d'où Pascal Paoli fit le siège du port de Macinaggio tenu par les Génois, site archéologique : ancienne grotte marine avec restes de mammifères fossiles, etc. (ne se visite pas).

Santa Maria (Rogliano)

D Quatre tours dans le vent

Située sur le sentier des douaniers, la plage de Tamarone est le début d'un grand site protégé, avec la réserve naturelle des îles Finocchiarola, que vous apercevrez en longeant le littoral. Un passage par le « col des Quatre tours » s'impose : le site offre un point de vue idéal sur les tours de Finocchiarola, Santa Maria, Agnellu et, en arrière-plan, celle de l'île de la Giraglia. À Santa Maria, vous découvrirez la belle chapelle romane et la tour d'un peu plus près. Bâtie les pieds dans l'eau au milieu du XVIe, cette dernière fut en partie détruite à la fin du XVIIIe siècle par les canons de la flotte anglaise de Nelson.

Pratique

- De la plage de Tamarone à Santa Maria, par le sentier des douaniers.
- Balade 45 mn ; retour par le même chemin ou par la piste agricole intérieure (20 mn).
- Îles Finocchiarola, tour Finocchiarola, tour Agnellu, chapelle romane et tour de Santa Maria.

La côte orientale

Diana, Urbinu, Palu... Étangs, lagunes* ou marais, plus ou moins profonds ou saumâtres, s'étirent sur 100 km de rivages de sable. Les dunes à genévriers à gros fruit protègent les pinèdes, le gros maquis* ou les cultures. Dans les étangs, la pêche et l'aquaculture représentent une ressource économique importante. L'étang de Biguglia est une vaste lagune méditerranéenne d'importance internationale pour les oiseaux d'eau. Acquis par le Conseil Général de la Haute-Corse, il est classé en réserve naturelle.

Sur le lido de la Marana, en partie urbanisé, le Conservatoire ménage des « fenêtres naturelles ». Plus au sud, ce sont de grandes zones humides où, avec le Conseil Général, on vise à concilier la préservation des systèmes naturels, les activités halieutiques* et conchylicoles et la sensibilisation.*

2 Étang de Biguglia
Fils du Golo et de la Grande Bleue

Plus qu'un étang remarquable en Corse par son étendue, Biguglia compte parmi les zones humides d'importance nationale (réserve naturelle), européenne (site Natura 2000) et mondiale (site Ramsar).

Un étang immense et productif

L'étang de Biguglia est en fait une lagune* peu profonde (1,5 m au plus) qui doit son origine au transport par les courants marins des sables expulsés en mer par le Golo, principal cours d'eau corse. Une baie préexistante s'est trouvée enclose par la formation d'une flèche sableuse de 11 km (le « lido* ») qui, au XVe siècle déjà, séparait l'étang du large et de l'embouchure du fleuve. Confinée, la lagune communique avec la mer par un étroit chenal au Nord, le « grau* », et collecte les précipitations des montagnes alentour. Les eaux y sont donc salées près du « grau » et de plus en plus douces vers le sud. Les herbiers aquatiques étendus – zostères au Nord, ruppias au centre et potamots au sud – offrent abri et nourriture à d'abondantes populations de poissons marins qui viennent grandir dans ces eaux chaudes et productives (anguilles, mulets,

Hélianthème à feuilles d'halimium

Le lido de la Marana ne dépasse pas un kilomètre de largeur

loups…). Une pêche traditionnelle utilisant verveux, filet-barrage et barques à fond plat les exploite. La diversité des groupements végétaux sur les rives est remarquable du fait du gradient de salinité : sansouires*, prés-salés*, roselières, prairies inondées, aulnaies… Le plan d'eau accueille en hiver des milliers de canards plongeurs (morillons notamment) et, au printemps, plus de 60 espèces d'oiseaux nicheurs. Quant aux canaux alentour, ils sont le refuge de nombreuses tortues cistudes.

Le lido, entre tourisme et protection

Si le paysage marécageux de la rive ouest de l'étang a été profondément transformé par les drainages agricoles depuis le XVIIIe siècle, le lido n'a connu un véritable changement qu'avec le développement du tourisme au début des années 1970. L'urbanisation, les activités de loisirs (équitation, pêche, moto, jogging…), la surfréquentation ont contribué, au moins localement, à transformer ces plages et dunes paradisiaques en terrains vagues. Les acquisitions du Conservatoire du littoral et les opérations de restauration réalisées ces dernières décennies contribuent à réhabiliter la beauté magique des lieux. Tel a été le cas à Pinetu, profondément dégradé par une fréquentation excessive jusqu'aux années 1990, où le Conservatoire, propriétaire depuis 2000, a su effacer de sérieux points noirs paysagers et redonner un véritable charme à tout un tronçon du lido. Face à la dégradation des dunes par les engins à moteur, il a aussi entrepris de grands chantiers de pose de ganivelles*, palissades qui jouent aujourd'hui leur rôle de fixation du sable et de recolonisation par les associations végétales pionnières sur ces milieux instables.

Des acquisitions complémentaires

La côte rocheuse occidentale a fait la réputation de l'Île de beauté. Avec l'acquisition de l'étang de Biguglia en 1988, le département de Haute-Corse voulut affirmer la nécessité de préserver aussi les zones humides. L'achat par le Conservatoire du littoral de tronçons du lido de La Marana et de rives de l'étang depuis les années 2000 vient compléter cette politique et souligner l'intérêt d'une côte sableuse négligée jusque-là.

Un herbier exceptionnel

Les herbiers sous-marins de posidonies* sont de véritables nurseries pour la faune littorale. À l'heure où beaucoup d'entre eux sont menacés par les plantes invasives et fragmentés par le chalutage, celui de la côte orientale de la Corse est remarquable par son étendue sur près de 150 km et par l'absence, à ce jour, de *Caulerpa taxifolia*, une algue qui a déjà envahi la région d'Olbia (Sardaigne) et l'île d'Elbe toute proche.

Pinetu
Contre mer et feu

Menacé par l'érosion littorale d'un côté, les incendies de l'autre, ce parcours entre plage et maquis* fait l'objet de multiples attentions. Dans les clairières, il y fait bon surprendre insectes, lézards et petits passereaux.

Empruntez la piste qui part du panneau du Conservatoire du littoral vers la mer ❶.

Vous traversez un maquis haut qui s'est naturellement reconstitué depuis le dernier incendie en 2007. L'hélianthème à feuilles d'halimium aux fleurs jaunes tachées de noir y est dominant. En sa compagnie pousse le daphné garou dont la racine toxique était autrefois utilisée pour braconner les truites. Genêts d'Espagne et cistes à feuilles de sauge abondent. Un passage sur le platelage* révèle une dépression inondée en hiver où poussent les joncs. Sur les planches, les lézards de Sicile se chauffent du moindre rayon.

Le sentier mène à un carrefour ❷ où l'espace est cloisonné de palissades de châtaignier destinées à fixer le sable.

Face à vous, notez qu'au pied de la rangée supérieure, posée en 2009, le haut de celle posée en 2005 apparaît à peine car, en 4 ans, un bourrelet de sable d'environ 1 m 50 s'est constitué et l'a presque engloutie ! Sur votre droite, le gravillon témoigne encore d'une route qui favorisait ici une fréquentation importante. À votre gauche, la dépression est un ancien parking où le tassement par les véhicules avait conduit à la formation d'une croûte de sel si dure qu'elle dut être labourée. Ce terrain plat a été remodelé et planté de tamaris et joncs piquants.

Carte IGN 4348 OT (1 cm = 250 m)

Un sentier sur platelage, où de nombreux lézards prennent le soleil

Franchissez la dune et longez la plage à gauche ❸.

Sur l'avant-dune, des lis maritimes marquent le début de la colonisation végétale qui ira grandissant au fil de la stabilisation du cordon de sable. Près du rivage, en hiver, la mer abandonne coques, tellines, boules de posidonies* et bois flottés dont la patine et la colonisation plus ou moins avancée par les crustacés et vers calcaires racontent la longueur du périple.

Continuez jusqu'à voir à main gauche de gros troncs plantés dans la dune ❹. *Là, vous quittez la plage.*

Vous pénétrez dans un maquis haut et dense à fougère aigle, bruyère arborescente, ciste à feuilles de sauge. Le magnifique papillon jason vous rase le visage à la recherche d'un arbousier où il pondra ses œufs. Le sentier s'élève un peu et, passant sous un pin maritime majestueux, vous découvrez un maquis plus bas et plus clair entretenu en pare-feu. Les silhouettes calcinées des chênes-lièges rappellent le passage des flammes à la fin des années 1990. Sur les souches grises des bruyères, plus résistantes, des rejets reprennent vie.

Vous atteignez un petit parking ❺.

À l'automne, des gobemouches chassent les moucherons depuis la ramure des vieux chênes. Prenez à gauche et rejoignez le départ en suivant une piste éclairée par les envols, tantôt bleu tantôt rouge, des criquets œdipodes.

Pratique

Quittez Bastia par la RN 193 en direction de Bonifacio. 5 km au sud, prenez « Lido de la Marana » à gauche au niveau d'un rond point. Longez l'étang de Biguglia sur 11 km. À la sortie d'un virage en S, entrez à gauche sur le parking.

Pour les corolles ouvertes au soleil, les insectes qui butinent, les lézards qui lézardent, la baignade rafraîchissante, on peut faire cette courte balade en pleine journée... avec couvre-chef et bouteille d'eau l'été ! Boucle facile sans dénivelé d'environ 1 h 30. Les marcheurs pourront élargir la boucle vers le sud jusqu'au lotissement de Poretta.

Voir à proximité, l'immense étang de Biguglia, ses canards en hiver, la presqu'île de San Damiano. Ne pas oublier sur la rive Est (au nord), le joli petit sentier du Tombulu Biancu et face à lui, sur une île, le musée de l'Étang.

3 L'embouchure du Golo
Entre deux mondes

Entre mer et montagne, la côte orientale de la Corse offre un spectacle, rare sur le continent, de plages et de lagunes* dominées par les crêtes. Un instant, vous oubliez la civilisation.

La plus longue plage de Corse

Depuis 10 000 ans environ, fin de la dernière période glaciaire, le Golo n'a cessé de charrier des sédiments vers la mer, contribuant, avec l'aide des courants marins, à l'édification d'une plage ourlée de dunes sur plusieurs dizaines de kilomètres le long de la côte orientale. Dans ces sables sans cesse remaniés par les vagues ou déplacés par le vent, les plantes se répartissent en fonction de leur capacité de résistance à l'instabilité du sol, certaines ne pouvant s'implanter qu'une fois le terrain stabilisé par les espèces pionnières équipées de puissants appareils racinaires (oyat, chiendent-jonc...). Les floraisons printanières sont admirables dans les dunes où le blanc et jaune des camomilles des sables se marie au rose des matthioles et à l'or des diotis maritimes. Les traces imprimées dans le sable, tels de petits hiéroglyphes, y révèlent aussi une intense vie animale : lézards, petits coléoptères (pimélie), guêpes fouisseuses, criquets, corneilles mantelées, goélands, pipits rousselines.

Perturbations variées

Au sud de l'embouchure, la plaine marécageuse de Mucchiatana (de *u muchju*, le ciste en corse) a été autrefois drainée au profit d'une agriculture aujourd'hui maraîchère et fruitière (kiwi notamment). Des canaux, peu visibles mais révélés par le vert franc des alignements d'aulnes et d'ormes, drainent et cloisonnent l'espace. Côté mer, certaines plages se sont amaigries ces dernières décennies, faute de sable, retenu en amont par les barrages ou extrait dans le lit du Golo. Plus récemment, la station de tourisme de Cap Sud a empiété sur les dunes et fait régresser la forêt de genévriers à gros fruits qui les couvrait.

Genévrier oxycèdre à gros fruits

Des efforts de réhabilitation

Sur le site de Mucchiatana, le camping, les coupes de bois, le feu et la circulation en 4x4 menaçaient la survie de la remarquable forêt de genévriers. Acquis en 1982 par le Conservatoire du littoral, le site a fait l'objet de gros efforts de protection et de restauration : création et entretien d'un pare-feu avec l'appui d'un éleveur ovin puis de moyens mécaniques, plantations de genévriers par de jeunes écoliers en collaboration avec le Parc naturel régional, arrachage de plantes exotiques envahissantes comme la griffe de sorcière, nettoyage… La régénération importante des genévriers laisse aujourd'hui augurer d'un meilleur avenir.

L'embouchure du Golo

Le peuplement de l'île

Entre la Corse et l'Italie toute proche (90 km de Bastia), émerge un petit archipel d'une demi-douzaine d'îles. Trois se voient par temps clair. Depuis Mucchiatana, surgissent au nord, Capraia (59 km), au centre l'île d'Elbe (54 km), au sud Montecristo (65 km). On peut penser que cet archipel a facilité la colonisation de la Corse par les hommes et par les animaux depuis la péninsule italienne, d'autant plus qu'au cours de la dernière glaciation, le niveau de la mer en Méditerranée occidentale était inférieur à l'actuel d'au moins 60 m. La colonisation humaine de la Corse remonterait à 10 000 ans environ et serait le fait de pêcheurs s'installant sur ces rivages. Ils s'y nourrissaient des produits de la mer et surtout, semble-t-il, du lapin-rat, une espèce dont les derniers sujets se sont éteints dans les premiers siècles de notre ère.

Mucchiatana
Royaume des tortues et des genévriers

Sur ce cordon dunaire, vous découvrez le plus beau peuplement corse d'une variété rare du genévrier oxycèdre, le cade à gros fruit. Errance parmi de vénérables sujets aux bras noueux et à l'écorce imprégnée d'histoire.

Gagnez la plage. Traversez à droite un rang de pieux ❶ destinés à empêcher l'accès des véhicules à moteur. Longez la mer.

Carte IGN 4349 OT (1 cm = 250 m)

De gros genévriers, certains sans doute séculaires, se dressent sur la berge sapée par les vagues. Cette situation révèle le recul du trait de côte. Le genévrier pousse en effet lentement et ne peut atteindre de telles tailles que loin des rivages, sur de vieux cordons dunaires stables à l'écart de l'érosion littorale. Ici, certains sont déjà morts et prisonniers des flots.

La plage s'élargit. Un cordon sableux subsiste entre les genévriers et la mer ❷.

Sur ce bourrelet, la végétation s'organise en bandes parallèles au rivage : chardon maritime en boule épineuse, matthioles aux fleurs violettes, diotis au feuillage argenté occupent les sables les plus mobiles du bord de mer. Ils sont doublés par une large frange de camomille des sables où se dressent les épis raides des chiendents-joncs. Plus en retrait, sur les sables mieux fixés, le peuplement de genévriers montre une certaine vigueur avec une régénération importante de jeunes plants sur la dune basse et de vieux sujets en retrait en situation plus élevée. Notez la grosseur remarquable de ces baies de genièvre qui ne sont portées que par les pieds femelles. Dans les dépôts de feuilles de posidonies*, les lézards de Sicile viennent chasser, de même que les cicindèles champêtres, petits coléoptères coureurs de plage. Œdipodes et autres criquets

Tronc et branches de genévrier à gros fruits

Tortue d'Hermann

bruns se laissent approcher, comptant sur leur mimétisme dans ce foisonnement de lanières mortes.

À hauteur d'un gros tronc planté en haut de plage, quittez le rivage et entrez dans la végétation ❸.

Un sentier sableux vous mène à travers un maquis* haut où la concurrence est vive entre cistes à feuilles de sauge, clématites flammettes, lentisques et jeunes chênes-lièges. Une forêt de genévriers à la puissante ramure prend ensuite le dessus.

Vous débouchez sur un couloir pare-feu ❹ *où le maquis bas est dominé par les cistes (fleurs blanches) et les hélianthèmes (fleurs jaunes). Prenez à droite.*

Vous entrez au pays des tortues d'Hermann, une espèce de tortue terrestre protégée, présente en Corse et en voie d'extinction sur le continent. Le milieu est maintenu ouvert par un gyrobroyage réalisé en hiver, pendant l'hibernation, tous les deux ans seulement, afin d'épargner les tortues. À main gauche, les aulnes ourlent de vert le paysage et révèlent un canal où vit cachée la cistude, une autre tortue, aquatique celle-là. Cette ripisylve* prend l'aspect d'une jungle où la vigne ensauvagée part à l'assaut des frondaisons d'aulnes, de figuiers, de chênes. Au sol, la clématite couvre les bas buissons de cistes, et de nombreuses orchidées s'épanouissent dans les espaces plus clairs.

Rejoignez le parking en divaguant à la rencontre des plus beaux genévriers.

Pratique

Quittez Bastia par la RN 193 en direction de Bonifacio. Après 20 km, traversez le Golo. Encore 5 km et vous prenez « La mer » à gauche au rond point de Venzolasca. Le parking est encore à 6 km en direction de Cap sud, sous un bois d'eucalyptus en bord de mer.

La balade débute au parking sous les eucalyptus.
Boucle facile, sans dénivelé, d'environ 1 h 30 que l'on peut facilement prolonger en bord de mer, au nord vers la magnifique embouchure du Golo (15 mn) ou au sud jusqu'au canal (15 mn) en revenant par la même piste intérieure.

4 Pinia
Une des plus grandes forêts de la côte orientale

La forêt de Pinia est bordée à sa lisière nord par l'étang d'Urbinu, lagune* saumâtre* séparée de la mer Tyrrhénienne par un lido* sableux. Naguère plus importante et exploitée malgré les incursions barbaresques et la malaria, elle est demeurée du XVIIe siècle à nos jours un vaste domaine forestier.

D'un domaine génois à un site protégé

Possession génoise au XVIIe siècle, annexée par la nation corse au XVIIIe puis par la France, délaissée pour l'exploitation de son bois aux siècles suivants et convoitée au siècle dernier pour un vaste projet immobilier, la forêt de Pinia a connu bien des destinées. De l'incendie de 1782 à ceux de 1987 et de 1993 qui l'avaient en grande partie ravagée, elle a toujours su renaître de ses cendres. Acquise sur 363 hectares à partir de 1983 par le Conservatoire du littoral, elle est désormais gérée afin de préserver au mieux son équilibre écologique.

*Sous les pins, le maquis**

De prime abord, Pinia apparaît comme une immense pinède littorale dont les frondaisons de pins maritimes balayent le ciel à perte de vue et sous laquelle de longues aiguilles s'amoncellent. Cet aspect cache en fait une autre réalité, celle d'une forêt bien plus diversifiée qui évolue insensiblement vers un couvert arboré typique de ces latitudes :

le maquis corse et son cortège d'essences odorantes. Ainsi, au détour des chemins, d'ambiances forestières abritées en fourrés balayés par les vents marins, maquis haut et bas coexistent avec harmonie. Traversé par des ravines où s'écoulent des ruisseaux aux débits fluctuants, le domaine de Pinia recèle également de prolifiques zones humides. « Pozzo Nero », le trou d'eau noir, et « Pozzo Sale », le trou d'eau salé, portent bien leurs noms ; l'un, miroir assombri par l'humus, l'autre, régulièrement envahi par la mer qui s'engouffre par l'ancien grau* de la « Foce de Fierascuti ». Aux franges de ces zones humides, comme sur les rives du marais de Piobi et de l'étang d'Urbinu, apparaissent peupliers blancs, frênes et aulnes. Ceintures de roseaux, joncs, scirpes et tamaris signent de leurs frêles silhouettes les frontières de ces mondes amphibies.

L'étang d'Urbinu

Seconde lagune de la côte orientale avec une surface de 790 hectares, l'étang d'Urbinu connut dès l'Antiquité un trafic portuaire. À l'époque romaine, il fut exploité pour la pêche. Cette vocation ancienne trouve son explication dans la nature même de sa double formation géologique, c'est-à-dire tectonique par effondrement de bassin et surcreusement glaciaire, puis sédimentaire par envahissement par la mer. En effet, contrairement aux lagunes d'origine sédimentaire classique, en général peu profondes, cet étang atteint 9 mètres de fond à son point le plus bas, ce qui est propice à cet usage. Étroitement liée au bon fonctionnement de son grau artificiel et aux activités humaines, la qualité de ses eaux conditionne en grande partie la richesse de sa flore et de sa faune.

Le cerf de Corse

Caractéristique par sa petite taille et ses vocalisations, ce cerf présent en Corse et en Sardaigne, vraisemblablement importé dans ces îles par les Romains, a disparu de Corse en 1968, le dernier survivant ayant été tué en forêt de Pinia. Bien adaptée au maquis, aux forêts et aux pelouses littorales ainsi qu'aux zones montagnardes, la souche sarde a été réintroduite en forêt territoriale de Libio par le Parc naturel régional de Corse, ainsi qu'en d'autres endroits de l'île. Pour optimiser cette opération, un séjour en enclos a été nécessaire, afin d'assurer la reproduction de l'espèce et de favoriser son adaptation à un nouveau milieu.
En juste retour des choses, ce cerf ne pourrait-il pas être également réintroduit là où le dernier maillon fut brisé, à Pinia ?

Le lido et l'étang d'Urbinu, au niveau de l'ancien grau naturel

Entre sylve, mer et lagune

Habitats forestiers, lacustres et marins représentent de précieux refuges pour de nombreux oiseaux qui trouvent à Pinia un lieu de vie pour nidifier, hiverner ou simplement faire étape.

Avant d'arriver au dernier parking, prenez à gauche à la patte d'oie ⊗.

Attaquée par la cochenille, insecte parasite, cette forêt de résineux est en sursis, mais que l'on se rassure, grâce à la dynamique naturelle, arbousiers, bruyères arborescentes et chênes blancs, verts et liège leur succéderont dans les années à venir.

Poursuivez jusqu'aux balcons d'Urbinu ❶, fenêtres paysagères surplombant l'étang.

Rien que dans la Réserve biologique forestière de Pinia qui couvre 139 hectares, 47 espèces d'oiseaux ont été recensées. Au cœur de la pinède, vous aurez peut-être la chance d'entendre le cri d'alarme de l'épervier d'Europe dérangé par l'approche de son nid ; sur l'étang d'Urbinu, celle de voir pêcher le grand cormoran, l'aigrette garzette et le héron cendré.

Après la courbe prononcée, suivez le sentier en direction de « Pozzo Sale » ❷.

Au mois de juin, avec une écoute et une observation attentives, nous pourrions apercevoir du côté de « Pozzo Sale » le grèbe castagneux

Carte IGN 4352 OT (1 cm = 250 m)
© IGN Paris 2010

et la foulque macroule qui sillonnent les eaux libres et se cachent dans les entrelacs de la roselière.

Contournez la zone humide et l'étang pour arriver sur la dune, à l'emplacement de l'ancien grau naturel* ❸.

L'élevage d'huîtres et de moules, ainsi que la pêche aux loups, dorades, anguilles et autres poissons de lagunes* saumâtres s'exercent au sein de ce site classé en 2008 zone humide d'importance internationale RAMSAR pour la diversité de ses milieux et des oiseaux qui y vivent. L'étang d'Urbinu accueille par ailleurs, entre ses berges et la plage, le cressa de Crète et le magnifique hibiscus des marais.

Longez le haut de plage ❹ puis l'arrière-dune.

Sur la dune et l'arrière-dune parsemée de genévriers à gros fruits, vit le lézard de Sicile. Arrivé d'Italie, sans doute à la faveur de liaisons maritimes avec la Toscane, ce reptile a peu à peu chassé l'ancêtre des lieux, le lézard tiliguerta. Friands tous deux d'araignées et de sauterelles, ils se sont livré une guerre sans merci. Finalement, leurs facultés respectives ont déterminé leurs territoires, le premier occupant les zones ouvertes et peu accidentées, et le second les milieux plus escarpés des maquis* de l'arrière-pays.

Regagnez votre stationnement en empruntant le sentier puis la piste ❺.

Fracas de vagues ou ondes légères peuvent donner tour à tour à ce littoral des aspects contrastés. Que le *grecale*, le *levante* ou le *sciroccu** se lèvent et ce sont les grains de sables et les embruns qui fouettent le visage. Les dunes, alors destabilisées, sont heureusement fixées par les racines du chiendent des sables et de l'oyat. Que la mer soit étale et sans vent, et ce sont les pelotes de fragments de rhizomes* de posidonies* qui roulent tranquillement sous les vagues, signe du calme revenu.

Pratique

À partir de la N 198, au sud de Ghisonaccia, prenez à la sortie du village la D 144 jusqu'à Perla di mare. Engagez-vous sur la piste arrière-littorale en direction de l'étang d'Urbinu. Dépassez consécutivement les 3 premiers stationnements pour vous garer à la patte d'oie, juste avant le dernier parking.

Comptez de 1 h 30 à 2 h selon que vous vous rendiez à l'extrémité nord-est du lido* ou pas. Munissez-vous de jumelles car il est très fréquent d'observer des oiseaux sur le site.

Pour en savoir plus, contactez :
Délégation du Conservatoire du littoral de Corse
corse@conservatoire-du-littoral.fr
Office de tourisme de la Costa Serena
Tél. 04 95 56 12 38
www.corsica-costaserena.com

5 Étang de Palu
À la rencontre de deux univers

Au sud d'un chapelet de zones humides qui s'étend du Fiumorbu au Travu, l'étang de Palu est une vaste lagune* sédimentaire de 110 hectares. Quatrième de l'île par sa taille, il a gardé depuis ses origines un caractère naturel.

Des ondes lacustres aux vagues de la mer

Les rivages lagunaires ont ceci d'unique qu'il suffit de traverser un étroit lido* sableux pour découvrir progressivement, par-delà la courbe de la dune, deux univers aquatiques singuliers, à la fois proches et bien distincts : la lagune et la mer. Ces milieux sont ici reliés par un grau* semi-naturel, passage où vont et viennent, à la faveur des tempêtes et des inondations, les sédiments et, à coups de nageoires ou autrement, les poissons et bien d'autres organismes aquatiques.

Dans l'étang de Palu alimenté par six petits cours d'eau, l'eau saumâtre* est peu profonde et la vase riche en matières organiques accueille une vie foisonnante, dont la biodiversité est proche de celle des écosystèmes tropicaux. Herbiers de ruppies et de zostères servent de nurseries aux jeunes mulets, athérines et aphanius de Corse, poisson endémique* typique du nord de la Méditerranée. Le plancton, du grec *plaktos*, « celui qui erre », y est diversifié et abondant. Véritable manne nourricière pour les larves de crustacés, de coquillages et pour les alevins, il offre également, au travers de ses multiples diatomées*, de véritables œuvres artistiques dignes des plus belles parures, visibles sous l'objectif de loupes binoculaires. La richesse de ce site composé d'une mosaïque de milieux naturels permet à de nombreux oiseaux de s'abriter et de se nourrir, comme les gravelots à collier interrompu, régulièrement observés dans les sansouires* et au bord de la mer, les busards des roseaux, hôtes des phragmitaies*, et les flamants roses de plus en plus nombreux en hiver sur l'étang. Côté mer, les rivages sont frangés d'épaisses banquettes de feuilles mortes de posidonies* rejetées par la houle, sur lesquelles évolue le petit peuple des laisses de mer dont sont friands les limicoles.

Une vie de pêcheur

Un pêcheur perpétue à Palu, sous les ballets des Mirages de la base militaire de Solenzara, une pêche traditionnelle pratiquée depuis des temps immémoriaux. Par tous les temps, il est dehors, debout sur sa barque, pêcheur comme tant d'autres ayant vécu ici avant lui ; union devenue rare entre un lieu dont la morphologie ne semble pas avoir évolué depuis des siècles, exploité de toujours pour ses ressources halieutiques*, et un homme, gardien des lieux et d'un savoir ancestral.

Pourtant, sur ces eaux miroitantes, dans cet écosystème lagunaire méditerranéen préservé, vivre et travailler en solitaire n'est pas toujours une sinécure. Il suffit de voir à l'hiver les paradières* et pieux emportés par les crues pour admirer la constance d'un homme qui patiemment, aux abords du grau, retend d'octobre à mars de nouveaux filets sur des piquets d'aulnes replantés, afin de capturer dans les verveux, sortes de nasses annelées, anguilles, loups, sparaillons et marbrés en partance pour la mer.

Faire son lit de posidonies

Utilisées par l'homme dès la préhistoire pour leurs qualités hygiéniques et ignifuges, les feuilles mortes de posidonies ont servi à nos ancêtres de paillasse et, pour leur bétail, de litières. Les toits de certaines bergeries corses étaient jadis isolés par d'épaisses couches de ces lanières séchées qui servaient par endroits à alléger les terres maraîchères. D'autres parties de cette plante, dont le nom découle de celui du dieu grec Poséidon, furent utilisées. Les « olives de mer » complétaient l'alimentation animale, et les pelotes de posidonies servaient à fabriquer du feutre pour les chaussures.

Filets à anguilles

balade

Un écosystème très pédagogique

Rares sont les sites qui, grâce à la préservation de leurs entités naturelles, peuvent être observés et compris avec autant de transparence. C'est pourquoi de nombreux groupes viennent ici étudier l'écologie de la lagune*.

Du parking ✖ prenez, en direction de la mer, le chemin qui surplombe la sansouire ❶.*

Palu accueille l'un des plus grands ensembles de sansouires* de Corse, avec une surface de plus de quarante hectares. Dans ce milieu où, pour survivre, il faut s'adapter au sel, les salicornes sont reines. À la fin de l'été, ces plantes succulentes*, autant par la nature de leurs tissus que par leur saveur, composent de leur teinte rouge, en compagnie des touffes de joncs aigus qui émergent de l'eau et des fleurs mauves et jaunes des asters de Tripoli, de somptueux tableaux champêtres.

Traversez le cordon dunaire ❷ puis, à droite, longez le littoral.

Les eaux poissonneuses de Palu furent convoitées dès la préhistoire. Après des siècles de « Pax Romana » et une activité aquacole conséquente, les zones côtières furent désertées au IIIe siècle. Commença alors une très longue période d'abandon, ponctuée d'invasions successives et d'épidémies de peste et de malaria. Il faudra attendre, au XVIe siècle, l'arrivée de puissants propriétaires génois pour que les terres et les étangs de la côte soient réinvestis.

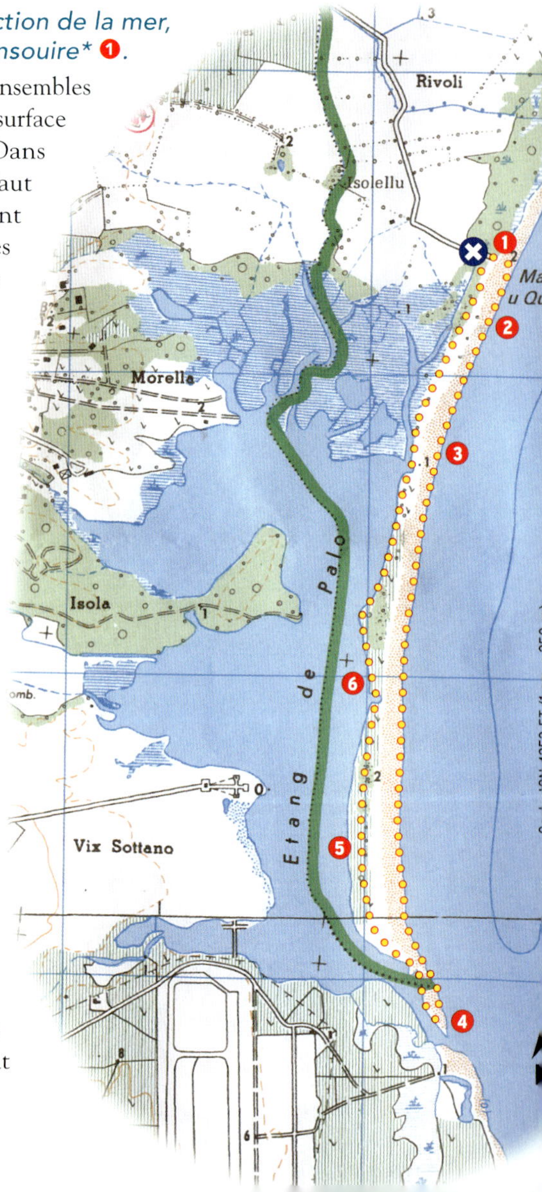

Poursuivez le long du littoral ❸.

Sur la pelouse sèche et la dune grise, vous rencontrerez peut-être au printemps « u lupinu », le lupin à feuille étroite. Cette jolie plante à la hampe florale bleue pousse ici à l'état sauvage en grande quantité. Agitées par le vent, ses gousses séchées sonnent à la manière d'un hochet, ce qui a donné naissance à l'expression corse : « parla quant'è un campu di lupini », en français « parler comme un champ de lupins ».

Rejoignez l'embouchure ❹, a foce en corse, puis faites demi-tour en longeant le maquis* qui borde l'étang.

Le grau* est le cordon ombilical de l'étang. Sans la gestion de cette passe, notamment par son ouverture régulière nécessaire au renouvellement des eaux, la lagune s'asphyxierait et les migrateurs marins ne pourraient y accéder. Dans ce secteur pousse le rarissime genêt de l'Etna, arbuste endémique* de Sicile, de Sardaigne et de Corse, protégé au niveau national.

Poursuivez entre dunes et maquis ❺.

Ici, bien qu'à seulement quelques encablures de la mer, l'ambiance est toute autre. Le bruit des vagues a disparu. De petits papillons virevoltent entre les touffes d'immortelles d'Italie. Un maquis bas à cistes à feuilles de sauge cède progressivement la place à un maquis plus dense à hélianthèmes et pistachiers lentisques parsemé de pins maritimes et de chênes-lièges.

Approchez-vous de l'étang ❻ par les quelques fenêtres pratiquées dans la végétation.

Çà et là, des massifs de cannes de Provence jouxtent les phragmitaies* qui bordent l'étang.

Des lignes de pieux se reflètent dans l'eau avec, à leurs sommets, mouettes et sternes au repos. De l'autre côté de la rive, sur la presqu'île d'Isola, il y a la cabane de Julien, le pêcheur de la lagune. Il prépare là-bas, dans son laboratoire exposé aux vents, la Boutargue. Avec des poches d'œufs du mulet qu'il fait sécher et sale, cet homme du pays concocte une préparation exquise, à déguster en fines tranches ou râpée sur des spaghettis « al dente ».

Entre mer et lagune*,
le grau de l'étang de Palu

Pratique

De Solenzara, par la N 198, dépassez la base militaire puis tournez à droite, au niveau de Cotticcio, vers la Marina di u Quarciona. Garez-vous au parking signalé par un panneau du Conservatoire du littoral.

Comptez 3 h pour cette balade en terrain meuble.

Pour en savoir plus contactez :
Office de Tourisme
de la Côte des Nacres
Tél. 04 95 57 43 75
www.cotedesnacres.com
Délégation du Conservatoire
du littoral de Corse
corse@conservatoire-du-littoral.fr

Autres rivages **à explorer**

Biguglia (Furiani-Biguglia)

E Au bord de la grande **lagune**

Depuis Tombolo Biancu, un petit chemin balisé mène en quelques minutes à l'étang de Biguglia, la plus grande lagune* méditerranéenne de Corse. Cette véritable réserve naturelle présente un paysage bucolique, aux berges parsemées de débris de coquillages, et plantées de piquets sur lesquels se posent les oiseaux. Des canards glissent paisiblement sur la surface de l'étang, et il n'est pas rare d'apercevoir quelques mulets sauter hors de l'eau, rivalisant avec le singulier aphanius, petit poisson des lagunes. De là, le panorama est grandiose, avec vue sur le fortin et sur les petits villages perchés dans les collines.

Pratique

- Sur la D 107 du lido* de la Manara, stationner au parking de Tombolo Biancu, et emprunter le sentier balisé vers l'étang.
- Balade 15 mn.
- Le fortin, musée de site ouvert à la visite.

Terrenzana (Tallone)

F Promenade entre **deux étangs**

Depuis Pompugliani, longez la piste qui s'étend jusqu'à la mer. En chemin, vous pourrez observer de très beaux vestiges de gros maquis* qui, ailleurs sur cette côte, ont été défrichés pour les cultures. Plus loin, l'horizon se dessine sur les contours de deux étangs, celui de Terrenzana au nord, et celui de Diana au sud. Sur la plage, attardez-vous sur les trésors apportés par la mer : deux plantes à fleurs marines attirent votre attention, la posidonie* et la cymodocée. Poussez ensuite jusqu'aux berges de l'étang de Diana, et remontez vers le nord pour découvrir enfin les paysages insolites du petit étang de Terrenzana.

Pratique

- Au nord d'Aleria (Caterragio), quitter la RN 198 au lieu-dit Pompugliani, et emprunter une piste - poudreuse - vers la mer. S'arrêter au stationnement près de la mer.
- Balade 1 h.

Del Sale (Aléria)

G La plage du Tavignano, entre mer et étang

Une passerelle enjambe ici un bras mort du fleuve Tavignano. Une fois celle-ci traversée, vous pénétrez dans un boisement d'eucalyptus, qui mène à la plage peu fréquentée, à l'embouchure du fleuve. Vous marchez le long d'un mince cordon de sable, séparant l'étang del Sale de la mer. Ici, les bois flottés atterrissent en nombre, portés par les vagues. Une aubaine pour les promeneurs à l'imagination débordante, qui pourront s'amuser à y deviner des formes et figures surprenantes, parfois sculptées par la mer…

Pratique

Quitter la N 198 au sud de Cateraggio et emprunter la petite route vers la mer longeant le fleuve Tavignano. Se garer sur le petit stationnement en cul-de-sac, et emprunter la passerelle. Sur la plage vers le sud, ne pas franchir les limites du pénitentier de Casabianda !

Balade 1 h 30.

Protection de dunes par des ganivelles* à Pinetu

Agriate, Balagne, Falasorma

L'Agriate : cette immensité de maquis* méditerranéen et de rochers – improprement dénommée « désert » – conserve de nombreux vestiges d'une intense vie agro-pastorale ainsi que d'un site mégalithique unique en Méditerranée. Les rivages de la Balagne ont connu un fort développement touristique au cours des dernières dizaines d'années, en particulier dans le secteur entre Calvi et l'Île-Rousse. Plus accidentée, la côte de Calvi à Galéria a conservé son caractère naturel.

L'Agriate est un très vaste site du Conservatoire (près de 6 000 ha auxquels s'ajoutent 5 000 ha de terrains communaux). Un sentier permet de parcourir le littoral en trois jours. En Balagne, de petits sites assurent la préservation de zones humides (embouchure boisée, étang) et de pointes rocheuses.

6 Le paradoxe de l'Agriate

Nommer désert un territoire qui tire son nom du latin « ager », le champ cultivé, voilà de quoi surprendre. Éclairage de l'histoire et de l'écologie.

Plages, pierres, maquis, marais…*

Est-il vraiment désert ce territoire de 15 000 ha qui s'étend, au nord-ouest de l'île, de l'embouchure de l'Ostriconi au golfe de St-Florent, entre mer et hauteurs du Nebbiu ? Certes, avec moins de 500 mm de précipitations par an et une terrible canicule estivale, la région est assoiffée. Avec ses montagnes sculptées par l'érosion dans de vieux socles primaires et ses cours d'eau intermittents, elle rappelle l'Atlas saharien. Et ses maquis ligneux, bas et secs, qui la couvrent en grande partie, crient la dureté de vivre. Pourtant l'Agriate cache des trésors de vie. Ses vallons frais recèlent des boisements de chêne vert, ses rivières (Liscu, Ostriconi) de fraîches ripisylves*. Au creux des dépressions littorales s'étendent marais (Padulella, Cannuta) et lagunes* (Lotu, Ghignu) et la côte elle-même abrite de grandes plages (Roya, Lotu, Saleccia, Ghignu, Ostriconi) et de petites criques sableuses à la flore riche et colorée.

Une colonisation ancienne

Désert humain alors ? Au contraire. De nombreux vestiges archéologiques (dolmens, menhirs, habitats, pierres taillées, céramiques…) témoignent d'une occupation depuis 6 000 ans au moins, au Monte Genuva et au Monte Revincu notamment. Du dernier, Jean Guilaine, professeur au Collège de France, pressentait ce que les fouilles allaient confirmer : « *Les découvertes effectuées présagent d'un site exceptionnel à l'échelle de la*

Marais de Padulella

Méditerranée [...] *pour la connaissance de l'émergence et du développement du mégalithisme en Méditerranée occidentale* ». La région recèle en outre de nombreux vestiges plus récents, laissés ces derniers siècles par les éleveurs (bergeries, enclos, caves à fromage ou casgile), les cultivateurs (« paillers* » ou *pagliaghj* qui sont des habitations où l'on stockait aussi paille et grain), les charbonnières (places à charbon de bois).

L'Agriate, grenier à blé

Loin d'être désertique, l'Agriate est, au cours des siècles derniers, perçu comme le grenier à blé de la région. L'agriculture y est saisonnière et pratiquée du printemps à l'été par des habitants de la côte ouest du Cap Corse (Nonza, Farinole...) aux pentes difficilement cultivables, qui traversent la baie de St-Florent sur les barques de passeurs et s'enfoncent dans les nombreuses vallées pour semer des céréales, planter des oliviers ou les greffer sur des oléastres sauvages. Les traces de leur activité dans le maquis sont innombrables : terrasses, paillers par dizaines

Des estuaires sauvages

Une douzaine de petits cours d'eau se fraient un chemin à travers l'Agriate. Et chaque fois, à leur embouchure, ils façonnent un paysage sauvage et merveilleux. Coulant surtout lors des crues, ils alimentent sur le littoral une belle plage de sable mais aussi un bourrelet dunaire qui fait barrage à leur écoulement en étiage* et les prive souvent d'une ouverture sur la mer. En arrière, entre les pentes rocheuses des versants, l'eau s'accumule, et les derniers méandres baignent des marais plus ou moins saumâtres et boisés où des vaches paissent méticuleusement.

Figuiers de barbarie dans l'Ostriconi

et parfois groupés en hameaux, aires à blé (*aghja*) où le grain est battu avec une pierre roulée ou traînée (*tribiu*), fours à pain. De l'automne au printemps, les bergers des hautes montagnes environnantes (Nebbiu, Ascu, Giussani) descendent à leur tour pour faire paître leurs troupeaux, de chèvres surtout, sur ces terres basses. À la fin du XIXe siècle, l'Agriate compte 68 troupeaux de chèvres (5 000 têtes) et 30 de brebis (3 000 têtes). Les deux communautés, souvent en litige – on l'imagine – échangent cependant leurs produits, lait contre blé et huile.

Du déclin au désert ?

La situation change au début du XXe siècle. La Seconde Guerre mondiale ponctionne ces populations et l'agriculture commence à se moderniser. Affaiblie, difficilement adaptable, l'agriculture dans l'Agriate est délaissée et le pastoralisme, bien que persistant, décline. L'appellation de « désert des Agriate » date sans doute de ce XXe siècle où la région voit son économie péricliter, sa population se vider, le maquis* accaparer le paysage. Reste aujourd'hui quelques vallons cultivés (vignoble de Teti près de Casta) ou pâturés (dans la vallée de l'Ostriconi). Quatre éleveurs subsistent aujourd'hui, deux de moutons, un de chèvres, un de vaches.

Littoral convoité

Avec le développement des loisirs au milieu du XXe siècle, le « désert des Agriate »commence à prendre une autre valeur, touristique, qui attire dans les années

1960 les investisseurs immobiliers. La privatisation des 37 km du littoral menace. Dès 1979, quatre ans après sa création, le Conservatoire du littoral entame l'acquisition de cette côte en vue de la soustraire à l'urbanisation. Il possède aujourd'hui 93 % de ce linéaire, soit 5 500 ha sur les 15 000 que comprend l'Agriate. Ce sera, jusqu'aux acquisitions réalisées en Camargue à partir de 2008, le plus grand site en sa possession.

À la recherche d'un nouvel équilibre

À partir des années 1990, la vocation d'espace naturel protégé s'affirme dans l'Agriate qui commence à drainer un large public pour son caractère particulièrement sauvage. Un sentier littoral est ouvert (de St-Florent à l'Ostriconi), un ponton de débarquement installé (Lotu), un gîte d'étape aménagé pour les randonneurs (Ghignu), un bâtiment de gardiennage restauré et un camping équipé (Saleccia), la tour de la Mortella consolidée et divers moyens d'information développés en direction du public. Autant d'actions à poursuivre aujourd'hui pour que la qualité exceptionnelle de l'environnement de l'Agriate reste compatible avec l'intérêt accru des habitants et des visiteurs envers l'un des plus beaux sites du littoral corse.

La menace du feu

Dans un environnement aussi sec que l'Agriate, le feu est une crainte permanente. Pratiqué autrefois pour ouvrir des pâturages dans le maquis ou cultiver la terre, il était strictement contrôlé. Qu'un feu s'échappe, et l'une ou l'autre communauté encourait une forte amende. Aujourd'hui, l'étendue du maquis, la fréquentation élevée en pleine canicule, les difficultés d'accès, accroissent considérablement les risques engendrés par les incendies dans ce massif. Le dernier, en 1992, partit de l'Ostriconi et gagna St-Florent, traversant tout l'Agriate en ravageant environ 5 000 ha. Fait inattendu, il révéla l'étendue du site archéologique du Monte Revincu et suscita la mise en place d'un programme de fouilles qui en fit connaître la valeur remarquable.

Étang de Foce

balade

Au pays de l'Ostriconi, sur la Punta Liatoghju
Mémoire paysanne

Abandonnez ici l'idée d'un désert et imprégnez-vous de l'âme agricole de l'Agriate en partant à la découverte des nombreux vestiges laissés par les cultivateurs et les bergers.

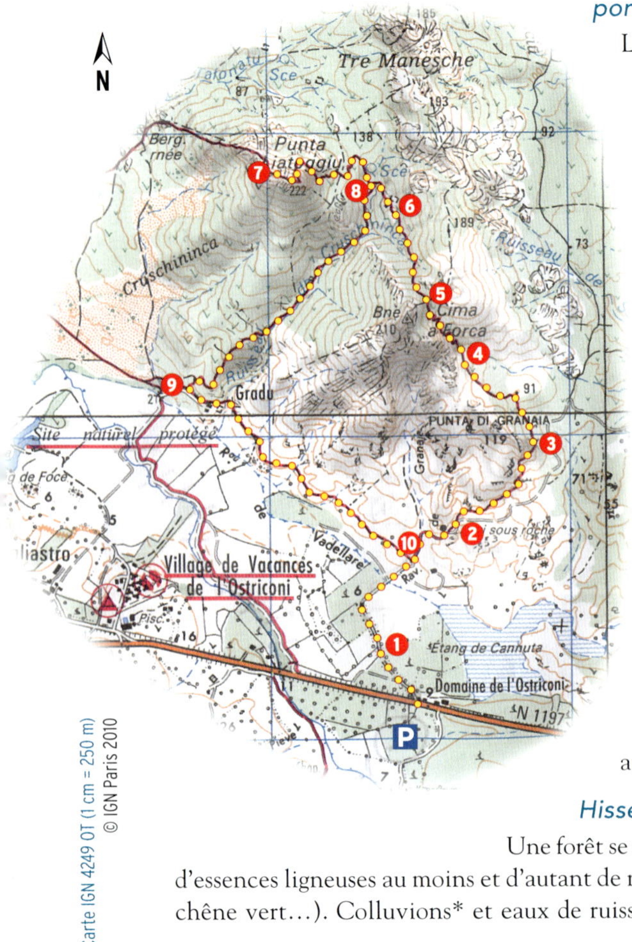

Carte IGN 4249 OT (1 cm = 250 m)
© IGN Paris 2010

Empruntez le chemin creux ❶ jusqu'à un portail métallique (à refermer).

L'atmosphère bocagère prend d'un coup un accent berbère quand des figuiers de Barbarie se dressent sur des dalles de granite devant la Cima a Forca, la montagne fourchue. Au premier lacet, un beau « pailler* » surveille le chemin. Au suivant, une maison troglodyte – abri sous roche et encore abri à chèvres dans les années 1990 – rayonne d'une harmonie toute minérale.

Juste après, quittez la piste ❷ et montez à gauche (balise) dans le maquis bas.*

Sur votre droite ❸, débute le « sillon central », dépression d'une centaine de kilomètres qui sépare la corse jeune et schisteuse au nord-est de la corse ancienne et cristalline au sud-ouest. Bientôt un énorme chêne vert mourant ❹ vous invite à une halte ombragée sur une petite terrasse, autrefois place d'une charbonnière.

Hissez-vous jusqu'au col ❺.

Une forêt se déploie maintenant, riche d'une dizaine d'essences ligneuses au moins et d'autant de nuances de vert (oléastre, myrte, filaire, chêne vert…). Colluvions* et eaux de ruissellement semblent appréciées dans ce

Le réalisateur Sergio Leone n'aurait pas renié les décors de l'Agriate

vallon frais. Sous les frondaisons des gros arbousiers, une cave à fromage en pierre sèche (*casgile*) trahit l'ancienne activité de pâturage. À Cruschininca ❻, la vocation agricole de l'Agriate se révèle magnifiquement : deux paillers, un four à pain ruiné, une aire de battage du blé circulaire, de vieilles plantations d'oliviers au tronc boursouflé par la greffe ainsi qu'en contrebas de petites restanques* et deux enclos de pierres sèches. Sous le gros olivier non greffé aux olives minuscules, respirez et pénétrez-vous de la vie de ces cultivateurs saisonniers présents jusqu'aux années 1940. Cent mètres plus loin, un enclos aux murs bombés s'accroche à droite dans la pente.

Coupez un vallon. Montez à travers les vestiges de restanques pour atteindre la Punta Liatoghju ❼.

Le passage du maquis à un monde minéral est brutal. Au sommet, souffle coupé… par le panorama : plongée sur la vallée de l'Ostriconi (site classé) où le bocage se mue en marais boisé à l'approche de la côte puis en une plage de sable dont les dunes, couvertes de genévriers, s'élancent à l'assaut de la montagne. Vers l'Ouest, les rivages de Balagne, à l'est, le San Pedrone, sommet de la Castagniccia, au nord-est, la moitié de l'Agriate et le Cap Corse. Au Sud, le Monte Grossu doublé en arrière du Cintu.

Redescendez au vallon ❽ que vous empruntez à droite.

Paillers, terrasses, sources aménagées dans le lit vous accompagnent. Une rencontre ici avec la rainette sarde ou le discoglosse sarde n'est pas exclue.

À la barrière ❾ prenez à gauche vers la maison du Gradu et dépassez-la.

Le sentier épouse de petits vallons frais et des pentes rocheuses couvertes de figuiers de Barbarie, d'où la vue plonge sur le bocage verdoyant de l'Ostriconi.

Retrouvez à droite ❿ le chemin creux et sa barrière.

Pratique

De Bastia, un itinéraire montagnard emprunte la D 81 par le col de Teghime, Patrimonio, St-Florent puis Casta d'où l'on descend vers la vallée de l'Ostriconi. Un parcours moins tortueux passe par la N 193 jusqu'à Ponte Leccia (direction de Corte) où l'on prend à droite vers l'Île-Rousse (N 1197).

Le départ s'effectue au milieu d'une grande ligne droite, à l'entrée du domaine de l'Ostriconi à 1 km exactement avant l'entrée du village de vacances (après si l'on vient de l'Île-Rousse).
Compter 3 h 30 pour cette boucle. Attention, au sommet de la Punta Liatoghju, ne poursuivez pas vers l'Ouest sur le tracé indiqué par erreur sur la carte IGN 4249 OT. Aucun sentier n'existe dans ce secteur dangereux.

Gare aux épines particulièrement désagréables des figuiers de Barbarie, celles des « raquettes » mais surtout celles - fines et sournoises - des fruits !

balade

Du Lotu à Saleccia
Mer du sud dans l'île de Beauté

Un parcours hors du temps et de la civilisation, aux paysages d'une étonnante diversité, qui allient étangs et rochers, maquis* et forêts, plages et dunes, « paillers* » et restanques*. À déguster hors saison estivale.

Au débarcadère du Lotu, prenez à gauche « Saleccia par l'intérieur », puis montez à droite après un muret ❶.

Rapidement, un replat dégagé ❷ offre une vue unique sur la dépression humide reliant l'étang du Lotu aux marais de Saleccia. La basse vallée du Liscu, qui l'abreuve, se découvre bientôt au sommet. À Costa Pana, deux anciens paillers* sont bien conservés. Filez à gauche du pailler restauré.

600 m plus loin, bifurquez à droite par une chicane dans la clôture ❸.

Vous traversez un pare-feu entretenu par pâturage où poussent trois espèces de cistes, deux à fleurs blanches, les cistes à feuilles de sauge et de Montpellier, le troisième aux fleurs roses chiffonnées, le ciste de Crète.

Passez sur votre gauche une belle ruine aux voûtes en encorbellement puis une nouvelle chicane ❹.

Carte IGN 4348 OT (1 cm = 250 m)

Randonnée sur la plage du Lotu

Vous entrez dans la pinède de pins d'Alep plantée à la fin du XIXe siècle. Le geai abonde ici, non concurrencé par la pie, absente de Corse. Le sanglier y retourne le sol par endroits. Le sentier longe le marais de Padulella couvert de salicornes arbustives et de joncs piquants. Héron cendré, aigrette garzette, martin-pêcheur y pêchent dans les bras morts où des bancs de mulets fuient en traçant des sillages à la surface de l'eau.

Vous découvrez enfin la plage de Saleccia ❺…

… son sable blanc (où furent tournées des scènes du film *Le jour le plus long* en 1962), ses eaux turquoise aux accents d'Outre-mer, ses coquillages aux couleurs exotiques (patelles, tellines, chlamys, coques, ormeaux…). La dune porte des genévriers à gros fruits, d'énormes pins à la ramure tentaculaire et, à l'embouchure du Liscu, un couvert bleu de panicauts ou chardons bleus, éclairé du rose des liserons soldanelles. Des palissades de bois (les « ganivelles* ») tentent d'enrayer son érosion par le piétinement en fixant le sable et en canalisant la circulation. Cette forêt si près de la mer crée une atmosphère forte.

Longez la plage jusqu'à son extrémité ❻ souvent remodelée par les tempêtes.

Les rochers émergent ou s'enfouissent au gré des remaniements de sable que la mer effectue là. Sur la plage, une frange de panicauts et d'oyats s'est installée entre bois et rive. Poursuivez sur la côte rocheuse dans un maquis bas, dense, couché par le vent et riche de nombreux arbustes à baies : la myrte (*morta*) dont on fait une liqueur, l'arbousier aux petites « oranges » goûteuses, la filaire (*alivernu*) appréciée des grives…

Parvenu à la Punta di Curza ❼, vous découvrez en face le Cap Corse.

L'ancienne carrière d'amiante de Canari, qui assura jusqu'à 50 % de la production française dans les années 1960, y a laissé de larges balafres grises. Mais de ce côté, Peraldu (poirier sauvage en corse) et son pailler paraissent être un petit éden ❽. Le lézard tiliguerta et celui de Sicile, concurrents, y cohabitent.

Rejoignez l'embarcadère en longeant cette côte plus abritée et boisée.

Pratique

La plage du Lotu est accessible depuis St-Florent par des navettes maritimes, d'avril à septembre (une dizaine de rotations par jour). Office du tourisme de St-Florent 04 95 37 06 04. Saleccia se gagne aussi en voiture depuis Casta (hameau situé sur la D 81 à l'ouest de St-Florent) par une mauvaise piste difficilement praticable après les pluies. Les plus courageux peuvent gagner le Lotu depuis St-Florent en longeant le littoral (environ 5 h de marche). Un camping à Saleccia offre des emplacements, des bungalows, un restaurant et une petite épicerie.

Compter 3 h pour cette boucle qui culmine à 80 m entre Lotu et Saleccia. Prévoir un couvre-chef et de l'eau en suffisance. À faire hors période touristique.

À Saleccia, le lever du jour sur les marais de Padulella dominé par la pointe du Monte Genuva est un enchantement.

balade

D'un phare à l'autre
De Fornali à la Mortella

Face au Cap Corse, cette balade d'hiver et de printemps, à l'abri du vent, est une succession de bonheurs ponctués par la traversée, les pieds dans l'eau, de petits estuaires.

Carte IGN 4348 OT (1 cm = 250 m)
© IGN Paris 2010

Descendez vers l'anse de Fornali (du mot four) et longez la mer en limite d'une propriété clôturée ❶.

Passez une barrière (à refermer) et poursuivez vers deux rochers pointus où se reposent parfois le cormoran huppé et le rare goéland d'Audouin. Dans la baie de Fonaverde, les eaux turquoise révèlent un bel herbier de posidonies*, une plante à fleurs qui forme des prairies sous-marines abritant de nombreuses espèces, et dont les feuilles en lanières arrachées par les tempêtes s'accumulent par endroits sur les rochers et les plages. Observez les poissons, bancs de petits mulets, oblades, loups, et même orphies surnommées à juste titre aiguilles de mer… Au printemps, le maquis* à myrte, lentisque, filaire, lavande des maures – étouffé par les lianes griffues de la salsepareille (*raza*) au passage d'un vallon – est un jardin multicolore fleuri, dans les clairières, de tapis d'orchidées (sérapias, orchis, ophrys), glaïeuls sauvages, anémone des jardins…

Poursuivez jusqu'à l'embouchure du Fiume Bughju (Valdolèse) qui se traverse à pied sec l'été ❷.

Dans la falaise, un tintement de clochettes trahit la présence de chèvres, acrobates des parois en Corse. D'un cri rauque, un grand corbeau signe son mécontentement. Longez la côte parmi les floraisons éclatantes de blancheur des asphodèles (avril), des cistes (mai) et des myrtes (été).

Un cormoran huppé pose sur les flancs d'une tour génoise

Tour de Mortella

Contournez l'estuaire paradisiaque du Fiume Santu ❸.

Le fleuve vous impose finalement une traversée en eau plus ou moins profonde en fonction du remodelage du lit effectué par les crues de l'année. Ne longez pas la rivière, les hauts fonds sont à droite, côté baie. Le rocher retrouvé, et un peu de hauteur prise sur le chemin, retournez-vous pour admirer la splendeur des méandres dans les prés-salés* rougis par l'hiver le tout sur fond de montagne. Divin.

Le chemin ondule en suivant le rivage. À l'approche de la tour ❹…

…le maquis s'ouvre en contrebas, côté mer, sur un large puits de pierres maçonnées. Cet ancien four produisit la chaux utile à la maçonnerie et aux enduits de la tour.

Vous atteignez enfin la tour de la Mortella, achevée en 1564 et ruinée par les coups de canons anglais en 1794.

La résistance de l'ouvrage fut telle que Nelson en fit relever les plans. Depuis, des dizaines de « Martello towers » furent érigées à travers le monde pour défendre les rivages de l'Angleterre et de nombreuses colonies de l'Empire britannique !

Longez la côte encore 200 m ❺ et montez à gauche (balises) jusqu'à atteindre le sémaphore.

Ce sémaphore est l'un des rares en France à avoir conservé son équipement, d'où une volonté de restauration qui mériterait d'aboutir.

Redescendez par une boucle à gauche. Retrouvez vos pas et l'anse de Fornali.

Pratique

De St-Florent, prenez la direction de Calvi (D 81). Au rond-point, traversez la rivière Aliso sur le pont de fer et descendez à droite juste après. Longez la plage de la Roya et poursuivez par une mauvaise piste jusqu'au stationnement de Fornali.

Départ au parking. Possibilité de démarrer à pied du port de St-Florent et de prolonger à partir du sémaphore jusqu'à la plage du Lotu (aller environ 5 h) puis de rentrer, d'avril à septembre, par une navette maritime. Nombreuses criques à découvrir. Aller-retour Fornali-Mortella d'environ 4 h 30, temps non compris pour la baignade (irrésistible l'été !). En toute saison, prévoyez serviette, voire maillot de bain, pour les passages à gué. Évitez les incursions dans le maquis où vous risquez de vous perdre. Dénivelé modeste de 50 m pour grimper au sémaphore.

7 Spanu
Échappée sauvage entre Calvi et l'Île-Rousse

Sur le rebord de ce plateau en pente douce vers la mer, le vent, les vagues et les boules de granite s'affairent à la réalisation d'une petite œuvre d'art qu'un maquis* bas voudrait bien étouffer.

Le littoral de la Balagne, ponctué de stations balnéaires, bordé d'une route nationale et d'une voie ferrée, laisse peu de place aux espaces naturels. Paradoxalement, il faut traverser le plus gros complexe touristique de la région, la marine de Sant'Ambrogio, pour découvrir une pointe sauvage à la géologie tourmentée.

Une végétation tapie au sol

Au plan paysager, la végétation de Spanu est un maquis bas, assez pauvre, plaqué au sol par le *libecciu**, vent dominant de sud-ouest. Ciste de Montpellier, myrte et lentisque en constituent l'essentiel. Les replats, proches du rivage, se couvrent d'un tapis clairsemé où l'on reconnaîtra les rosettes bien nommées du plantain corne-de-cerf, les floraisons roses des rameaux prostrés de la « bruyère marine » ou celles du sedum bleu aux petites feuilles cylindriques gorgées d'eau. C'est à Spanu pourtant que se sont installées quelques raretés botaniques comme l'étrange arum mange-mouche (une vingtaine de stations en Corse) et le séneçon à feuilles de marguerite dans sa sous-espèce à feuilles charnues.

Verdeur des joncs sur un suintement d'eau douce

Soleil couchant sur la baie Agajo, depuis la Punta di Spanu

Depuis longtemps convoitée

C'est sur la Punta di Spanu que fut construite l'une des premières, et des plus petites, tours génoises de Corse vers 1530, sans doute pour défendre les terres cultivées de Balagne. Murets et abris attestent de ce passé agricole voué à la culture des céréales, dont le pastoralisme n'était pas totalement exclus. Le granite y fut aussi exploité au lieu dit Murraciolu. Dans les années 1980, le tourisme y marquera son empreinte avec le développement de la station du Club Med, d'un golf et d'un projet immobilier de plusieurs centaines de lits qui ne prendra pas l'ampleur envisagée sur la pointe.

À la reconquête de l'espace naturel

L'essentiel de la Punta di Spanu (59 ha) est, depuis 1982, la propriété du Conservatoire du littoral, qui a consacré beaucoup d'énergie à la restauration du caractère sauvage du site : arasement en 1991 d'une première tranche d'un gros projet immobilier en déshérence, élimination de bâtisses sans valeur patrimoniale associées à l'exploitation de la carrière de Murraciolu, arrachage des griffes-de-sorcières envahissantes durant de nombreuses années, transplantations d'immortelles, plantations de myrtes, lentisques et tamaris. Une convention est aussi passée avec un berger dont le troupeau ovin entretient une végétation rase jouant le rôle de pare-feu de la station de Sant'Ambrogio. La Punta di Spanu renoue ainsi avec son passé agricole.

Isolé et dégradé

À la pointe de Spanu, un petit îlot abrite une colonie de reproduction de goélands leucophées forte de plusieurs dizaines de couples. Là est son principal intérêt car la faune y est très pauvre, sans doute en raison de la présence du rat noir et d'un maigre couvert végétal qui, pour des raisons mal comprises, ne cesse de régresser depuis les années 1980.

balade

Punta di Spanu
Le ballet des rochers en bord de mer

Ni falaises, ni marais, ni forêts, ni estuaires. Des rochers, simplement. Mais quels rochers ! Un plaisir décuplé dans la lumière du soir.

Au parking, prenez le chemin face à la discothèque. Longez la mer au plus près.

Un magnifique chaos granitique semble danser sur le maquis* bas de lentisques, cistes de Montpellier, passerines, immortelles. Un souffle d'air balance les grandes hampes blanches des asphodèles et, dans les creux, les petits épis dorés des « queues-de-lièvres » (lagure). Phagocytées par les blocs, de petites criques dorées sommeillent comme autant de petits paradis.

Coupez une presqu'île. Le mouvement du terrain s'assagit ❶.

Plante invasive, la griffe-de-sorcière s'applique ici à tapisser le sol. Pourtant, parviennent à émerger les silhouettes en arbre miniature des euphorbes pithyusas dont la tige, à la cassure, émet comme chez toutes les euphorbes un lait irritant.

Peu après, la verdeur d'un petit vallon creux vous happe ❷.

Sur ce suintement d'eau douce, le scirpe holoschoenus et le jonc piquant, profitant de l'humidité, étouffent toute végétation.

Vous remontez sur les rochers de granite à gros cristaux ❸.

Le ballet reprend. Laissez-vous aller à jouer dans les blocs, à rechercher les veines de minéraux noires, blanches, beiges qui les traversent, à repérer les formes extravagantes, les têtes, les monstres, les chimères que la dissolution chimique de la roche a sculptés partout…

Vous passez un nouveau suintement verdoyant ❹ et grimpez.

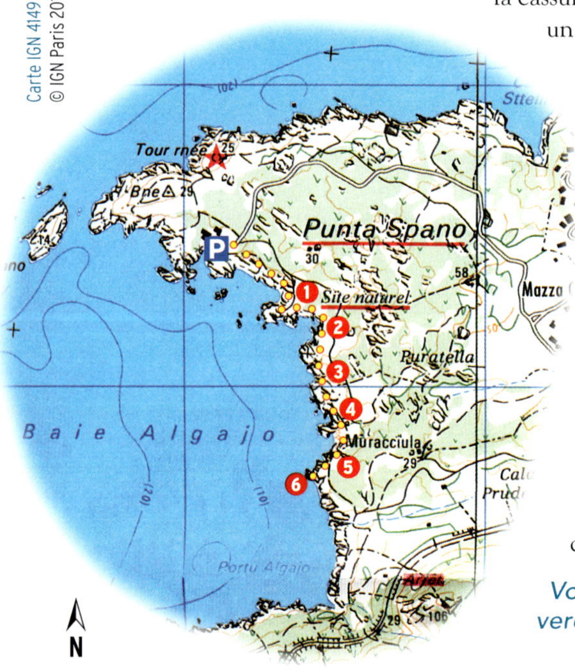

Carte IGN 4149 OT (1 cm = 250 m)

Chaos de blocs sur le littoral sud de la Punta di Spanu

Peu après, le coteau à main gauche paraît fendu d'une tranchée étroite et profonde ❺. Par là s'évacuaient vers la mer les blocs extraits d'une petite carrière de granite qui approvisionna les constructions de la région. L'activité fonctionnait encore dans les années 1930.

Poursuivez jusqu'à une pointe de rochers bruns ❻.

Dans un microcosme très minéral, s'accrochent de maigres touffes d'une lavande de mer corso-sarde, baptisée limonium articulé en raison de la disposition de ses rameaux en zig-zag. Sur quelques rochers exposés aux embruns, des colonies de petites balanes blanches se sont incrustées. Rien de comparable toutefois avec le foisonnement des crustacés et coquillages sur les rochers atlantiques. Peu étendue, confinée, sans vraie marée, la Méditerranée est bien moins riche que le vaste océan. Il vous reste, dans la lumière du soir, à admirer la baie de Calvi, fièrement gardée par la citadelle, et que défend au loin la longue barre sombre de la Revellata. Peut-être, jour de chance, un balbuzard passera-t-il devant vous de son vol souple et ample, serres plantées au corps d'un gros mulet, à la recherche d'un reposoir rocheux pour déchiqueter sa proie.

Rentrez par le même chemin ou par une piste qui serpente un peu en retrait du rivage.

Pratique

De Calvi, prenez la direction de l'Île-Rousse (N 197). Dépassez Lumio puis tournez à gauche vers la marine de Sant'Ambrogio. Là, suivez les indications « Le Rocher », nom de la discothèque que vous atteignez après de nombreux détours. Stationnez sur le parking au bout de la route.

Cet aller-retour d'environ 2 h est presque sans dénivelé. Prévoir de quoi se baigner en été tout en étant correctement chaussé si l'on veut circuler dans les chaos rocheux sans risque.

Peu avant la descente sur le parking, on pourra voir à gauche, deux rochers creusés de *taffoni** particulièrement beaux.

8 U Fangu
L'Europe centrale sous le ciel de Méditerranée

Avec ses pentes vertigineuses, ses grandes forêts de montagne, ses torrents limpides et fougueux, son delta aux accents du nord, le Fangu mérite bien plus qu'une rapide balade en bord de mer.

Drôle de fleuve

Le Fangu et ses affluents drainent les eaux d'un bassin versant très pentu, dont une grande partie est un ancien cratère volcanique. Son étendue modeste, délimitée par des crêtes à 2 500 m d'altitude, s'appréhende depuis la côte. Cette morphologie encaissée et de violentes crues confèrent une grande énergie à ce petit torrent qui divague fortement dans les derniers kilomètres. Depuis deux siècles toutefois, il a conservé la même embouchure. Mais les fortes précipitations passées, le Fangu ne s'écoule plus, en surface du moins, dès l'amont du pont des Cinq Arcades. Près du littoral, les eaux souterraines resurgissent paisiblement et abreuvent un paysage d'une verdeur déconcertante ici. Barré par un ultime bourrelet de graviers déposé par le fleuve, l'exutoire est intermittent.

Air du nord

La végétation du delta du Fangu est une mosaïque contrastée, pénétrée de quelques espèces descendues de la montagne (houx…). Autour, elle exprime la sécheresse : cistaie du lit à sec en amont du delta, chênaie verte du bourrelet dunaire littoral en aval, maquis* dense à lentisque, arbousier et calycotome sur les flancs de la vallée. Le cœur est un tout autre monde, presque une relique de la dernière période glaciaire. Dans le marais tourbeux, ombragé et peu accessible, règnent ormes et aulnes séculaires, fougères osmonde, laîches aux feuilles tranchantes, nombril de vénus. Sous les eaux douces et claires des bras morts bordés de nymphéas se côtoient, autre contraste, la truite de corse et le loup de mer.

« L'époque du vert »

Cultivées durant l'hiver jusqu'au XVᵉ siècle, les basses terres du golfe de Galéria furent délaissées durant les XVIᵉ et XVIIᵉ siècles devant les incursions barbaresques, les guerres féodales et l'arrivée de la malaria. Les populations se réfugièrent alors sur le Niolu, contrefort du Cintu, où elles continuèrent à vivre de l'élevage. Au XVIIIᵉ, la vallée du Fangu retrouve une vocation pastorale et les bergers niolins la défendent contre les tentatives d'appropriation. Ils y transhument en automne, quittant le Niolu en octobre pour les *piaghje* (plaines) du golfe de Galéria. De l'hiver au printemps (« l'époque du vert »), ils y font pâturer moutons et plus encore des chèvres et pratiquent, entre maquis et herbages, la culture sur brûlis de petites parcelles encloses dont le produit (froment, seigle, orge et plus tard maïs) est remonté en été au village. Revendiquant ces terres exploitées par eux depuis toujours, ils contestent souvent les fermages exigés par les propriétaires, nombreux, qui se succèdent dans la basse vallée. Se sédentarisant progressivement à partir des années 1850, délaissant les cabanes de bois littorales pour des maisons de pierre, les bergers niolins fonderont le village de Galéria.

Cistudes d'Europe

L'une des premières réserves de biosphère en France

Un bassin versant préservé de 25 000 ha, des formations végétales remarquables s'étageant du domaine alpin au domaine méditerranéen chaud, une futaie de chênes verts séculaires, une faune très riche comprenant 16 des 22 espèces de chauves-souris présentes en Corse, 6 des 7 espèces d'amphibiens, 9 des 11 espèces de reptiles, des poissons endémiques* ou rares comme la truite corse ou la blennie fluviatile et plusieurs espèces emblématiques comme le gypaète et le mouflon, sans compter une population faible (400 habitants) mais riche d'une culture du pastoralisme… Il y avait bien de quoi, en 1977, faire du Fangu une réserve mondiale de biosphère !

balade

Du Fangu à la Riciniccia
Eaux mêlées

Balade sur la plage, aussi sur la rivière, pour goûter l'infinie variété des paysages qu'un torrent méditerranéen impétueux modèle sans cesse dans son delta.

Descendez dans un maquis à myrtes, arbousiers et bruyères arborescentes et franchissez sur une passerelle ❶ – voire à pied si les tempêtes d'hiver ne l'ont pas emportée – l'étroite embouchure du Fangu. Longez la rivière.*

Vous atteignez un maquis bas à cistes à feuilles de sauge puis une forêt de chênes verts (*leccia*) dont l'implantation sur une plage de galets est tout à fait inhabituelle. L'absence de sous-bois tient au pâturage non contrôlé d'un troupeau de bovins. Aux cistes se mêlent ensuite le genêt corse, et les immortelles d'Italie récoltées dans le bassin du Fangu pour leurs huiles essentielles.

Le fond de la plage butte sur un verrou rocheux de laves oranges (des rhyolites).

Dans le maquis, cherchez les fondations d'un four à chaux ❷ qui s'approvisionnait à la tour de Maraghiu sur l'un des rares bancs de calcaire de la région. Au loin, les crêtes de plus de 2 500 m de la Punta Minuta et de la Paglia Orba donnent un aperçu de l'étendue du bassin versant qui réunit ici ses eaux.

Le Fangu

Retournez vers la passerelle par le bord de mer au cri des petits gravelots qui font leur nid sur ces plages de graviers. Remontez vers la tour génoise de 1573 ❸, ruinée par l'explosion de munitions en 1792.

Ce promontoire rocheux prend, au printemps, l'allure d'un jardin de rocailles avec son cortège de plantes remarquables dont l'érodium corse, un petit géranium spécifique de l'île, et l'arméria de Soleirol aux délicats bouquets de fleurs roses.

Les plus courageux peuvent redescendre vers la plage de galets et explorer les bras morts sur une embarcation.

Dans cette jungle au fort accent de mangrove tropicale, la végétation se répartit sur les rives avec le niveau d'eau : nénuphar blanc dans l'eau libre, robustes touffes de carex sur la rive dont les pieds en « touradon » portent les feuilles rondes des hydrocotyles, rideaux de roseaux dominés en arrière par les feuillages vert franc des aulnes, eux-mêmes surmontés des frondaisons des ormes. Sous les eaux cristallines du Fangu, les mulets fuient par bancs, parfois sautent. Un martin-pêcheur file en criant, un grèbe castagneux traverse à la nage en toute confiance, une bouscarle fait claquer sa rengaine. Cherchez les tortues cistudes, mimétiques, prenant un bain de soleil sur les bois morts à demi-émergés.

Pratique

Depuis Ajaccio (120 km), empruntez la D 81 en passant par Piana et Porto pour gagner Galéria. Depuis Bastia (95 km), gagner Ponte-Leccia (N 193) puis l'Île-Rousse et Calvi où la D 51 vous mène au pont des Cinq Arcades en 25 km. Là, traversez à gauche le Fangu en direction de Galéria.

Le départ s'effectue sur un parking situé 500 m avant le village.

La balade en canoë (seul ou par deux) requiert un maillot de bain et une serviette. Préférez le matin ou le soir pour voir les oiseaux, la chaleur de la pleine journée pour les tortues.
Compter 2 h 30 pour les deux balades enchaînées.

Crovani (Calenzana)

(H) La baie des **galets**

En longeant la magnifique baie de Crovani, vous découvrirez, plus au sud, l'ancienne exploitation minière d'argent et de cuivre qui a donné son nom au petit hameau d'Argentella, situé au fond de la baie. La balade est agréable sur cette grande plage de galets considérée comme la plus belle localité de Corse, d'où l'on aperçoit un petit marais environné d'un boisement mixte de tamaris et de gattiliers. Au printemps, la très rare dauphinelle tachetée pousse dans les galets, et ses jolies fleurs violacées peuvent atteindre jusqu'à 80 cm de haut. C'est aussi la meilleure période pour observer des tortues cistudes et l'émergence simultanée de jeunes crapauds, discoglosses, rainettes…

Pratique

- Le long de la D 81b qui relie Galéria à Calvi par le littoral, stationner au parking de la plage de Crovani.
- Balade 1 h.

Delta du Fangu

Crique dans le golfe de Galéria

La côte occidentale

C'est une côte rocheuse, avec des falaises d'une beauté vertigineuse, une succession de golfes amples et des fosses marines répliquant en miroir les sommets. Le golfe de Porto abrite balbuzards, oiseaux marins et une flore endémique* remarquable. Les fonds marins de Scandola, la volcanique, livrent un aperçu de la Méditerranée « des origines ». De Cargèse à Vico, le rivage est rythmé d'une succession de pointes rocheuses que ponctuent des tours littorales. L'urbanisation du golfe d'Ajaccio s'est développée de façon conséquente au cours des dernières dizaines d'années.

Le domaine du Conservatoire est constitué d'un grand nombre de sites, gérés par le Conseil Général de la Corse-du-Sud. On y trouve à la fois des pointes rocheuses sauvages comme Capu di Muru et des espaces péri-urbains comme le Ricantu à Ajaccio, unique localité d'un escargot unique au monde !

9 De Caspiu à Gradelle
Un balcon sur le golfe de Porto

Entre plages de sable et de galets, sous-bois ombragés et coteaux escarpés couverts de maquis* enchevêtré, apparaissent de splendides fenêtres paysagères ouvertes sur une des plus belles baies de la planète. Serti dans un écrin minéral fait de caps, de falaises, de crêtes et hauts sommets, d'un bleu à faire pâlir les plus grandes profondeurs, le golfe de Porto s'offre ici, majestueux.

Une montagne les pieds dans l'eau

Reliefs verticaux aux couleurs roses, ocre ou rouges, ornés des tons de vert d'une végétation rupestre rase, de maquis ou de forêts, s'enfoncent ici profondément dans la mer. Ils expriment une force et une beauté sauvages qui font le charme du golfe de Porto, classé au Patrimoine mondial de l'Unesco.

Sur ces rivages abrupts, les accès à la mer sont rares. Il faut gagner la face nord du golfe, où les sommets s'élèvent moins rapidement, pour trouver quelques plages desservies par une route, comme Bussaglia, Caspiu et Gradelle, au débouché de vallées encaissées parcourues de torrents intermittents.

Une végétation luxuriante

Bien que l'eau des ruisseaux ne parvienne à la mer qu'en période de précipitation, elle apporte en fond de vallon une ambiance humide qui crée les conditions propices à l'installation d'une végétation dense et luxuriante. À l'arrière de la plage de Caspiu, se développe ainsi le gattilier, surnommé « poivre des moines » pour les vertus anaphrodisiaques qu'on lui prête. Ses belles inflorescences violettes estivales sont une véritable manne pour les insectes butineurs qui trouvent là une nourriture providentielle alors qu'à cette époque de l'année, les fleurs se font plus rares.

Vaches corses au repos

Zinzinuler dans le maquis

Traversant le maquis entre Caspiu et Gradelle, vous entendrez chanter l'une ou l'autre des cinq fauvettes qui vivent ici. Comme d'un commun accord, celles-ci se sont subtilement réparti les habitats disponibles. La fauvette sarde, espèce endémique* des îles méditerranéennes occidentales, s'installe dans la végétation rase des cistaies à ciste de Montpellier, dont les jolies fleurs blanches éclairent le maquis au printemps. La fauvette pitchou préfère le maquis légèrement plus élevé et niche dans l'enchevêtrement des branches d'un genévrier oxycèdre, d'une bruyère ou d'un arbousier, arbustes épars au milieu de la cistaie. Très présente sur le site, la fauvette mélanocéphale côtoie quant à elle le maquis arbustif, là où les lentisques se mêlent étroitement aux oléastres, bruyères et arbousiers. La fauvette passerinette colonise le maquis élevé, dominé ici par les chênes verts. Enfin, la fauvette à tête noire est forestière. Ainsi cette population vit-elle en harmonie dans un espace interpénétré mais bien défini, où chaque espèce peut gazouiller à sa guise pour marquer son territoire.

Fauvette sarde

La mine de charbon d'Osani

Au carbonifère, le climat était ici chaud et humide. L'accumulation massive, dans la faible profondeur d'eau de ce qui était alors une zone marécageuse, de végétaux et d'arbres morts rapidement enfouis sous une couche de sédiments argileux, permit la formation d'anthracite.

C'est au milieu du XIXe siècle que les ingénieurs des mines découvrirent le gisement de charbon, en contrebas du village d'Osani, au-dessus de la plage de Gradelle. Cette variété, dite « à petite flamme » intéressa les industriels. Accordée en 1889, la concession vit se succéder différents entrepreneurs. En 1905, 1000 tonnes de charbon furent extraites par une centaine d'ouvriers. On aménagea un chemin de fer et une station d'embarquement équipée d'un câble pour charger le minerai dans les navires, mais en 1907, alors qu'elle s'apprêtait à fonctionner, celle-ci fut emportée par une tempête. Elle ne sera jamais reconstruite faute de moyens. Les sociétés qui se succédèrent revendirent ou firent faillite. La concession sera abandonnée en 1974.

balade

D'une plage à l'autre
En passant par les coteaux

Alors que la plupart des randonnées alentour présentent de forts dénivelés, la balade de Caspiu à Gradelle, accessible à tous, offre, en plus d'une baignade agréable, de magnifiques points de vue sur le golfe de Porto.

Descendez sur la plage de Caspiu ❶ puis longez-la vers la droite.

Passé l'arrière-plage sableuse, le regard s'arrêtera, curieux, devant l'incroyable variété de couleurs des galets. Il est rare en effet de trouver autant de diversité géologique sur un même bassin versant. La granodiorite au grain fin est grise ; le granite à gros cristaux, dit porphyroïde, est plutôt clair, teinté de rose ; les schistes sont stratifiés et de couleur sombre tandis que la dolérite arbore une teinte verdâtre contrastant avec le rouge orangé de la rhyolite… S'étale ainsi sous nos pieds, mise à jour par l'érosion, une histoire magmatique et volcanique âgée de plus de 300 millions d'années.

Dépassez l'embouchure du ruisseau de Pilatri et empruntez le sentier conduisant à la plage de Gradelle. Vous distinguerez bientôt les ruines de Bonavita ❷.

Parmi les ruines, bassin de captage, maisonnettes, terrasses plantées d'oliviers greffés et murets de pierres sèches savamment agencées témoignent du passé agropastoral de ce vallon abrité aux sols frais et profonds. Retourné à l'état naturel, ce lieu profite à la végétation qui s'y épanouit en un maquis* haut et ombragé composé principalement de chênes verts et d'oliviers, milieu de prédilection pour le merle noir, la fauvette à tête noire et le rouge-gorge.

Carte IGN 4150 OT (1 cm = 250 m)

Anse de Gradelle avec, au large, Capu Rossu

Poursuivez jusqu'à l'aghja ou aire à blé ❸.

Cette plateforme circulaire surélevée et exposée au vent servait autrefois, au mois d'août, aux travaux de battage, *a tribbiera*, puis de vannage, *a spulera*, du grain qui était ensuite transporté à dos d'ânes et de mulets au moulin. Sur votre gauche, un petit passage entre les arbres conduit à un majestueux chêne vert, puis à un beau point de vue sur l'anse de Caspiu.

Dirigez-vous vers Gradelle ❹.

Installée à flanc de côte, à près de 50 mètres en surplomb au-dessus de la mer, cette partie de la balade offre de très belles perspectives paysagères. Au fond du golfe, derrière les caps de la Punta Rossa et de la Punta Bianca, on aperçoit la tour carrée de la Marina de Porto construite en 1552 par les Génois pour prévenir les attaques barbaresques. De l'autre côté, sur fonds d'eaux vertes et bleu turquoise, apparaît la petite plage de Gradelle dans sa crique abritée par la Punta di Latone. « Latone » désigne en langue corse les plantes à lait, les euphorbes. Majestueuse avec son bouquet de rameaux dichotomiques pouvant atteindre quelques mètres de haut, l'euphorbe arborescente est capable de coloniser les pentes les plus abruptes et résiste à la sécheresse en « estivant ». Son feuillage tombe au début de l'été après avoir pris de belles teintes rouges. De jeunes feuilles aux nuances vert bleuté repousseront à la mi-octobre après les premières pluies.

Descendez sur la plage de Gradelle ❺ *puis, après une pause baignade, revenez sur vos pas en empruntant le même chemin.*

La ruine située en arrière-plage est l'un des vestiges des aménagements construits pour l'exploitation industrielle du charbon d'Osani.

Pratique

Depuis Porto, suivez la direction de Partinello. À l'entrée de ce village, prenez au premier embranchement à gauche, la D 324, vers la plage de Caspiu où vous trouverez un parking aménagé.

Prévoyez 2 h pour cette balade. Après un temps de pique-nique ou de baignade, le retour s'effectuera par le même chemin.

Pour découvrir les nombreuses autres richesses du Golfe de Porto, renseignez-vous auprès de l'**Office du Tourisme de OTA PORTO**.
Quartier La Marine
20150 OTA PORTO
Tél. 04 95 26 10 55
office@porto-tourisme.com
www.porto-tourisme.com

10 Capu Rossu
L'une des plus hautes falaises maritimes d'Europe

Tel un géant de pierre né d'une activité magmatique il y a 300 millions d'années, puis d'une déchirure tectonique qui remonte à 20 millions d'années, le Capu Rossu témoigne, du haut de ses 331 mètres, de ce dernier grand épisode de son histoire géologique, au moment où le bloc corso-sarde s'est détaché du continent, laissant en Provence les massifs de l'Estérel et des Maures.

*Entre univers minéral et maquis**

De part et d'autre de la mer de Ligurie, existe donc cette même roche appelée porphyre rouge, un granite rose à grain moyen, qui, de Capu Rossu aux calanques* de Piana constitue de vertigineux à-pic. Quand le golfe de Porto s'embrase au soleil couchant, une lumière hallucinante s'empare de ces falaises qui plongent très profondément dans le bleu cobalt de la mer ; féerie rougeoyante d'un soir comme tant d'autres où

balbuzards pêcheurs et faucons pèlerins regagnent leurs nids pour passer la nuit, tandis que dans les airs volent les martinets pâles endormis. Aires de rapaces inaccessibles et silhouette de tour génoise imprenable semblent alors être les ultimes refuges de cet apparent désert minéral de la façade nord de Capu Rossu, où seules les plantes les plus audacieuses, comme les arméries de Soleirol et les œillets de Madame Gysperger, se sont installées.
Lorsqu'un jour nouveau se lève, l'astre solaire éclaire, au sud, un autre aspect de cette pointe la plus occidentale de Corse d'où, par temps clair, on peut voir les îles Sanguinaires. Du côté de Pagliaghju et de Biscuttellu, un paysage de maquis, où apparaissent çà et là bergeries, murets de pierre, aires à blé, anciens jardins et fontaines, donne en contrepoint de l'éperon rocheux de la tour de Turghiu la dimension horizontale des lieux. Sur cette terre, oliviers, blé et orge étaient jadis cultivés et, il y a peu de temps encore, paissaient de grands troupeaux de chèvres et de moutons.

Du haut de la falaise de porphyre rouge, l'aire à blé

Le royaume des balbuzards pêcheurs

C'est en ces derniers lieux inaccessibles à l'homme que s'est réfugié, pour vivre et procréer, l'un des rapaces les plus farouches de Corse et du continent : le balbuzard pêcheur. Tranquillité, côtes escarpées, îlots rocheux et ressources halieutiques* abondantes sont les conditions de base pour sa reproduction. À sa maturité sexuelle atteinte entre 3 et 5 ans, le mâle déploie une stratégie de séduction très élaborée. Au milieu de l'hiver, il construit un nid fait de branchages garnis de mousses, d'herbes ou de rhizomes* de posidonies*, installé dans un endroit inaccessible aux prédateurs et proche d'une zone de pêche. Deux à trois semaines après, l'aire terminée, il effectue tous les jours une parade nuptiale spectaculaire afin d'attirer une compagne. Si la démonstration est éloquente, une femelle se posera dans son nid qu'elle finira de garnir avec lui, avant de s'accoupler.

Un rapace sauvé du déclin

Décimé autrefois par les tirs d'arme, le piégeage et la destruction de ses nids en raison de sa réputation de voleur de poisson, le balbuzard pêcheur a bien failli disparaître de Corse.
Il aura fallu bien des années d'une politique de sauvegarde conduite par le Parc naturel régional de Corse pour que les effectifs et l'aire de répartition de cet oiseau emblématique retrouvent ce qu'ils étaient au début du XXe siècle, c'est-à-dire une trentaine de couples répartis sur toute la Corse, dont 3 ici, à Capu Rossu. C'est grâce à un savoir faire élaboré à partir de la connaissance de cet oiseau, qu'ont été mises au point 2 techniques permettant à ces rapaces d'investir d'autres territoires. L'une consiste à construire un nid artificiel sur un site que l'oiseau aurait naturellement choisi et à le garnir d'un leurre à l'image d'un partenaire potentiel, afin d'orienter son installation ; l'autre, à déplacer les jeunes sur une aire éloignée (expérience en cours en Toscane), lorsqu'ils sont prêts à l'autonomie.

balade

Au surplomb d'un sanctuaire marin

Avec des profondeurs abyssales de plus de 2 700 mètres, égales à la hauteur du Monte Cinto, le sommet le plus élevé de Corse, ce secteur maritime proche de la réserve naturelle de Scandola accueille une belle diversité de grands mammifères marins.

Du parking ⊗, suivez par le sentier la direction de la tour visible au sommet de Capu Rossu puis, après avoir pris soin de refermer le portail d'une clôture, faites un crochet à droite pour contempler le golfe. Revenez sur vos pas et poursuivez sur le sentier.

Au cœur de « Pelagos », sanctuaire pour les mammifères marins en Méditerranée, qui s'étend de la presqu'île de Giens aux côtes septentrionales de Sardaigne, et de celles-ci à Fosso Chiarone en Italie, le golfe de Porto et les étendues marines alentour accueillent plusieurs espèces de cétacés : le grand dauphin, le dauphin bleu et blanc, le dauphin de Risso, le ziphius, le globicéphale noir, le cachalot, la baleine bleue et le rorqual commun. Les grands dauphins sont facilement observables le long des côtes. Les autres espèces sont visibles plus au large, à partir d'un bateau.

Cheminez entre falaise et maquis vers Palani ❶.*

Sous un couvert végétal constitué de romarins, de myrtes, d'arbousiers et d'autres arbustes du maquis dominés par

endroits de chênes verts et de grands oliviers tortueux, subsistent fontaines et jardins oubliés. Gagnés par les menthes aquatiques et les vignes ensauvagées, ils nous rappellent un temps pas si lointain où Capu Rossu, aujourd'hui déserté, était habité. Si les hommes se sont éloignés pour se rapprocher de la côte et de villages comme Piana, les sangliers corses, cochons marronnés depuis longtemps, ont quant à eux proliféré, mêlant leurs chromosomes à ceux des cochons domestiques pour donner un animal hybride et prolifique, aux multiples apparences.

Falaises de Capu Rossu à l'anse de San Pellegrinu

Dépassez l'aire à blé circulaire et la maison en pierre ❷, puis commencez l'ascension.

Pas moins de 17 constructions en pierres, appelées au pays « pagliaghju » ou « casette », sont présentes à Capu Rossu. Elles servaient autrefois au stockage de la paille et du blé ainsi que d'abri pour les hommes et les bêtes. Chaque soir, à la traite, caprins et ovins y donnaient un lait parfumé aux embruns qui était utilisé pour la fabrication d'un fromage divin : le brocciu.

Arrivé à un replat ❸, allez en direction de la tour par le sentier à flanc de parois.

Avant le roc abrupt, une dissymétrie due à la géologie apparaît. Porphyre rouge, granite gris et gabbros se côtoient, constituant pour la première roche, les reliefs les plus élevés, et pour les deux autres, les collines basses qui ont permis l'activité agropastorale et engendré la succession des caps du sud de la « Terre des quatre tours ».

Pratique

De Piana, prenez par la D 824 la direction d'Arone. Après le col d'Osini, garez-vous sur le parking, à droite au niveau du virage.

Comptez 5 h pour cette balade au fort dénivelé en fin de parcours. N'oubliez pas d'emporter de l'eau.

Pour en savoir plus contactez l'**Office de Tourisme de Piana**.
20115 Piana
Tél. 04 95 27 84 42
infos@otpiana.com - www.otpiana.com

Grimpez au sommet de la tour ❹ avec grande prudence, puis faites demi-tour.

Vols de martinets pâles et de grands corbeaux au-dessus de pelouses à cyclamen renforcent ici le sentiment d'être à l'extrémité du pays du vent. Digne de l'implantation vertigineuse des châteaux cathares du Languedoc, la tour génoise de Turghiu est la plus élevée de la « Terre des quatre tours ». Bâtie au bord d'une falaise de plus de 300 mètres de haut, elle offre à 360 degrés à la ronde une vue époustouflante sur le paysage environnant et sur ses trois sœurs : les tours d'Omigna, Orchinu et Cargèse.

11

Triu
Au jardin des embruns

Petit cap des côtes nord du golfe de Sagone, la Punta di Triu offre en une itinérance légère une belle succession d'ambiances. D'espaces « démaquisés » en fourrés sculptés par le vent et de jardins sauvages littoraux en colline pâturée, ce site livre pas à pas une originalité insoupçonnée.

*Par les sentiers du maquis**

Au-delà du muret qui surplombe ce site, le maquis semble uniforme. Pourtant, bien des particularités se révèlent au détour de ce sentier. Dans un verger, de grands oléastres, dont certains ont jadis été greffés pour être transformés en oliviers de culture, viennent d'êtres débroussaillés par une équipe de gardes du littoral. Calycotomes, genets corses et salsepareilles, prompts à envahir les espaces abandonnés, étaient en train de les étouffer.
Quelques vaches témoignent d'une pratique agropastorale traditionnelle grâce à laquelle on fait ici depuis longtemps « d'une pierre deux coups » : contenir le maquis et alimenter le bétail. Au-delà de l'écran vert enchevêtré, apparaissent la mer et ses rivages, sur lesquels se dessinent à l'extrémité de la pointe les plus beaux jardins sauvages, façonnés par les embruns et ancrés dans un décor minéral qu'une géologie surprenante a créé, il y a des millions d'années. Sur les pelouses littorales, commence la féerie, avec les étendues jaunes des immortelles d'Italie, égayées de mauve par les crocus corses ou « zafranu corsu », dont les stigmates rouge orangé produisent le safran. À même la roche, c'est l'apothéose. De magnifiques compositions florales ont

Chardons et chênes verts
déformés par le vent

élu domicile dans une multitude de cavités. En ce lieu, il ne reste plus qu'à s'asseoir et admirer, ou pour les plus actifs, à cheminer à hauteur d'insecte en quête de pollen, au ras des touffes de limoniums articulés et des bouquets de cristes marines. Passé le cap, les jardins ordonnés par les risées* salées cèdent la place aux arbustes inclinés par le vent. Du côté où souffle le *libecciu**, un maquis sauvage ondule en une palette de nuances chlorophylliennes qui va des verts les plus soutenus aux verts les plus tendres. Puis arrive la colline pâturée, où règnent inules visqueuses et chardons, plantes délaissées par les muqueuses sensibles des bovins mais convoitées par les trompes gourmandes des papillons.

Fantaisies géologiques

Sur la roche mère constituée de granite à grains grossiers, dit porphyroïde, se concentrent à l'extrémité de la Punta di Triu de multiples curiosités géologiques. Creusées par l'érosion, de petites cuvettes en balcon accueillent une végétation rase. Traduisant une fluidité magmatique au moment de leur formation, de longs filons orientés vers la mer forment des reliefs aux allures de crêtes de dinosaures pétrifiés. Ce sont des macles (association de cristaux) de feldspath et de quartz, le long desquelles se sont installés, hors de portée des vagues, de jolis parterres composés de plantes résistantes au sel. Distribuées au hasard de la cristallisation du magma, des enclaves sombres de diorite ponctuent en maints endroits les reliefs arrondis qui, sur la côte est de la pointe, prennent la forme d'énormes boules.

Au bonheur des myrtes

De la Grèce à la Corse antique, le myrte était l'arbrisseau des poètes et des épicuriens. Toujours verts, on en fait encore sur l'île de Beauté des arcs de mariage constitués de rameaux entourés autour d'une canne, symboles d'amour heureux. D'autres usages ont traversé les âges. Les baies juteuses de cette plante sont utilisées traditionnellement pour produire de délicieuses préparations. Distillées, elles donnent une eau-de-vie qui avoisine les quarante degrés, tandis que macérées, elles se transforment en une liqueur douce et parfumée qui possède par ailleurs des vertus stomachiques, c'est-à-dire, stimulantes et régulatrices pour l'estomac. Pour les enfants et les gourmands, on fabrique avec ces fruits une gelée exquise.

balade

Porte-queue de Corse

La vie du maquis

Entre milieux ouverts et fermés, battus ou abrités, se joue la symphonie de la vie ; en allegretto ou requiem, suivant les tempos, les milieux, les rencontres et le hasard.

Du parking ✖, face à la mer, longez le muret vers la gauche puis prenez par les escaliers le sentier en direction de la parcelle dégagée ❶.

Cet espace démaquisé est régulièrement entretenu afin de préserver une ouverture paysagère sur le golfe de Sagone et de favoriser les plantes de lumière, comme la jolie romulée, dont la corolle mauve contraste avec son pistil jaune, et le petit ail doré, qui, par sa floraison et sa fructification en mars, au ras du sol, est une des plantes les plus précoces de l'île. Ce milieu ouvert accueille par ailleurs de nombreux passereaux, tel le venturon corse, qui se nourrit essentiellement de graines, ou l'alouette lulu, insectivore durant sa période de reproduction mais granivore en hiver.

Après avoir passé le muret de pierres, poursuivez le long de la clôture ❷.

Le long du chemin, entre les branches de filaires à feuille étroite ou sur les feuilles de myrte, se joue à la période de reproduction des criquets l'éternelle saga de la nécessité. Lorsque les femelles criquets s'affairent à la ponte de leurs œufs, elles sont particulièrement vulnérables aux assauts des mantes religieuses qui, bien qu'en posture de nonne en prière, n'hésitent pas une seconde à détendre à la vitesse de l'éclair leurs bras à crans d'arrêt, afin de capturer les infortunées et de les découper à l'aide de leurs mandibules tranchantes, avant de les avaler. Myope ou ayant un sens particulier des relations amoureuses, il arrive souvent à notre prédatrice de faire de même avec l'élu de son cœur, avant même leurs ébats amoureux. Celui-ci, ayant une libido centrée au niveau de son abdomen, honorera malgré sa tête coupée la belle, pour finir plus tard dans son estomac en complément protéinique.

À l'autre bout de la chaîne alimentaire, sans plus de façon mais de manière moins singulière, le faucon

Carte IGN 4151 OT (1 cm = 250 m)
© IGN Paris 2010

Le collier-de-corail

crécerelle fera son menu de cette mante religieuse aux mœurs étranges.

Arrivé à la pointe ❸, continuez vers l'ouest.

Un très beau filon de microgranite traverse la pointe de Triu. Entaillé par la mer, il émerge en écueils à quelques brasses de son extrémité. Lors de sa désagrégation par les vagues, cette roche rouge incrustée de quartz blanc laisse apparaître à ses cassures une patine plus claire. Ce sont les fragments de cette roche qui composent en grande partie les galets des criques alentour.

Poursuivez sur le sentier, à travers le maquis ❹.*

Coiffés par le *libecciu** ou le *punente**, ou anémomorphosés*, les lentisques ont ici un port rampant. Qu'un rocher les protège, et ils se coucheront derrière lui sur plusieurs mètres, telle une longue aiguille végétale indiquant avec précision la direction des vents dominants.

Suivez la courbe du chemin, à droite ❺ vers la colline.

À deux ou trois mètres au-dessus des criques, de gros galets témoignent d'un ancien niveau de la mer au cours des derniers millénaires.

Franchissez la clôture par les deux portillons aménagés ❻ et regagnez votre stationnement.

Sur ces reliefs volent de nombreux papillons. En compagnie des azurés et des argus, évolue un magnifique grand voilier endémique* de Corse et de Sardaigne que l'on ne rencontre nulle part ailleurs au monde : le papillon hospiton ou porte-queue de Corse. Proche du machaon, il se distingue notamment de celui-ci par les queues plus courtes de ses ailes postérieures.

Pratique

De Sagone ou de Cargèse, par la D 81, garez-vous sur le parking de la pointe de Triu, indiqué par un panneau du Conservatoire du littoral.

Comptez 1 h pour cette petite balade facile.

Pour en savoir plus, contactez les **offices de tourisme de Sagone et Cargèse**.
www.golfedesagone.net
www.cargese.net

12 Capu di Muru
Vieilles pierres et chemins de crête

À l'égal des îles Sanguinaires au nord du golfe d'Ajaccio, Capu di Muru, qui ferme le golfe au sud, est un élément important du patrimoine paysager de la Corse. Ses pentes couvertes de maquis* qui dévalent vers la mer sont aussi appréciables de loin que pour le promeneur qui arpente ces crêtes.

Le golfe d'Ajaccio est un superbe ensemble paysager : profondément échancré, avec de hautes montagnes dans le lointain, il est bordé de plages invitantes et de petits caps surmontés de tours génoises. Capu di Muru est le point final méridional de cette succession.

Un cap, une péninsule…

Capu di Muru s'apprécie autant sur le site même que de loin. Ses crêtes culminent à 170 m au-dessus de la mer. Les chaos rocheux du rivage sont sculptés par l'érosion : ces *taffoni** ont des formes surprenantes. Autrefois cultivé, Capu di Muru est aujourd'hui livré au maquis qui recouvre ses pentes. Les principaux témoins du passé sont une imposante maison de pierre et une tour génoise, curieusement située non pas en crête mais sur la rive nord. Cette tour offre au promeneur un panorama vraiment exceptionnel sur le golfe d'Ajaccio et sur la mer en contrebas. De l'autre côté du cap s'ouvre le golfe du Valinco. À nouveau une succession de caps dont Capu Neru

Poireaux sauvages en graines

Lézard tiliguerta

Chapelle A Madonuccia surplombée du feu de Muro

en premier, et de plages (Cala d'Orzu) commence, tandis que dans le lointain, on devine Campumoru à l'extrémité sud du golfe du Valinco.

Maquis de bas en haut

Capu di Muru est recouvert d'un maquis méditerranéen typique (arbousiers, genêts, lentisques…). Seules quelques pelouses où poussent immortelles et poireaux sauvages apportent, tout près de la mer, entre les étonnants chaos rocheux, une touche originale. Le versant nord du cap, plus protégé, porte un maquis arborescent (bruyères, oléastres, chênes verts), tandis que vers la pointe et le sud, le maquis est plus bas, buissonnant (calycotomes, cistes, myrtes). Des oliviers et des pins (dont certains exotiques) témoignent, autour de l'ancienne maison restaurée, du passé agricole du site.

Oiseaux et sangliers

De nombreux lézards tiliguerta détalent sous les pas du promeneur. Dans le maquis, les fauvettes s'égaillent et disparaissent dans les fourrés. Vous ne verrez pas les sangliers, mais les chasseurs de la commune s'en régalent régulièrement. À l'extrême pointe du cap, de grands corbeaux, inconfondables parce que tout noirs (en Corse, il n'y a pas de corbeaux freux et les corneilles sont mantelées) jouent dans les vents qui s'engouffrent entre les parois rocheuses. Du sommet de la tour, le spectacle des goélands qui volent au-dessus de l'eau, en contrebas, donne le vertige.

Pèlerinage

Une étonnante *merendella* pascale ! La minuscule chapelle à l'extrémité du cap est un lieu de pèlerinages des habitants de la commune de Coti-Chiavari le lundi de Pâques. Pour que les aînés ne manquent pas la *merendella*, il est possible de s'y rendre en hélicoptère !

Phare

Le phare qui surmonte Capu di Muru date de 1927. La bâtisse et le petit appontement en contrebas servent à son entretien.

Charbonnières

Vous remarquerez dans le maquis des espaces circulaires, souvent avec un mur de soutènement en partie basse : on y fabriquait le charbon de bois.

balade

Entre nature sauvage et patrimoine bâti

Élancé entre les golfes d'Ajaccio et du Valinco, le Capu di Muru présente, de part et d'autre de sa crête, un paysage sauvage. Maquis* arborescent et arbustif alternent d'un versant à l'autre, au nord sur un sol riche en humus et, au sud, sur une arène granitique plus aride. Tels des marqueurs temporels, petits et grands patrimoines bâtis évoquent ici la vie aux siècles passés.

Au début de la piste de terre ✖, ignorez le chemin de droite et prenez plus loin, à la patte d'oie, à gauche ❶, le sentier balisé.

Le maquis est ici d'une rare vivacité. Chaque plante qui le compose contient une histoire singulière. Saviez-vous que le chèvrefeuille d'Étrurie, cette jolie liane aux fleurs parfumées, est la plante hôte de la chenille du sylvain azuré, papillon qui patrouille sans relâche sur son territoire pour chasser les autres lépidoptères ?

À la patte d'oie suivante ❷, allez à droite, dirigez-vous vers la tour de Capu di Muru ❸.

Cette tour, achevée en 1599, fait partie d'un ensemble de six unités défensives réalisées au XVIe siècle, à la demande des populations du Delà-des-Monts, sur le territoire des Trois pievi d'Ornano, Cauro et Taravo.

Après être allé vers Capiciolo di a Torra ❹, par un détour, revenez sur vos pas et continuez plein sud, vers la crête.

Carte IGN 4154 OT (⚠ 1 cm = 280 m)

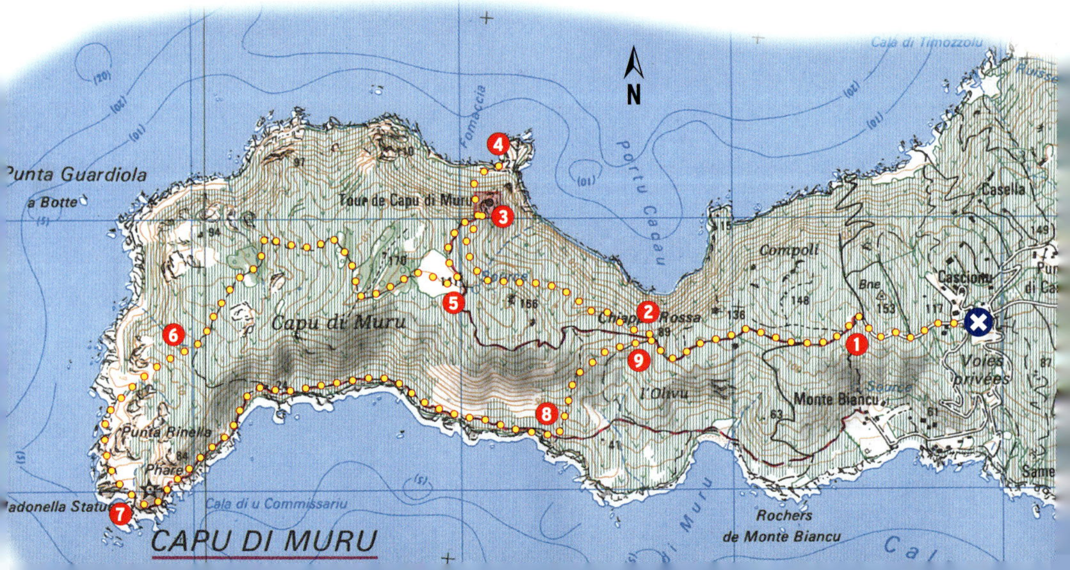

À l'ouest de cette pointe rocheuse flanquée d'une plage de galets, subsiste un four à chaux qui servit à l'édification de la tour.

Arrivé à la maison en pierres ❺, prenez au panonceau la direction « Chapelle A Madonuccia ».

Cette belle maison servit longtemps d'habitation à des agriculteurs. On y fabriquait, entre autres productions artisanales, du fromage. Elle est entourée d'une aire de battage, d'un four à pain, d'une charbonnière, d'une source et de murets de pierres, petit patrimoine bâti typique de ce pays de cultures en terrasse et d'élevage.

Après être redescendu de la crête, allez vers la mer, au sud, par un petit vallon ❻.

Passé le versant nord et la crête, d'où l'on peut admirer un panorama sublime sur les deux golfes, une ambiance plus aride imprègne l'atmosphère. Un petit défilé rocheux mène au rivage où apparaissent de vastes étendues de poireaux sauvages qui donnent aux lieux, par leur haute tige terminée en boule, une impression surréaliste.

Poursuivez par le littoral jusqu'à la chapelle ❼ et passez devant le débarcadère.

Dans cet univers minéral d'une force rare, il est des endroits dont les vibrations invitent au recueillement. Sur ce versant sud dominé par le feu de Muro, *taffoni** évocateurs, statues de vierges et petite chapelle garnie d'ex-voto, dont de nombreux messages écrits sur des bois flottés, expriment toute la dimension de ce site imprégné depuis longtemps de la ferveur de toute une population.

Après le panneau du Conservatoire du littoral, prenez à gauche ❽ le long du muret de pierres, puis arrivé au chemin, à droite ❾, pour regagner votre stationnement.

Sur les rochers alentour, vous aurez peut-être la chance de croiser l'ancestral lézard de Bedriaga, endémique* de Corse et de Sardaigne. Cette espèce, au corps légèrement aplati, vit ici sur le littoral, en populations isolées de la majorité de ses congénères chassés vers la montagne par le lézard tiliguerta, pourtant plus petit que lui.

Petit oratoire dans un chaos de *taffoni**

Lézard de Bedriaga

Pratique

D'Ajaccio, par la N 196, dépassez le col de la Seghia, puis prenez à droite la D 555, la D 55 et la D 155, jusqu'à Acqua Doria. À la sortie du hameau, prenez à la patte d'oie à droite vers Capu di Muru, jusqu'à la fin de cette voie carrossable, puis garez-vous.

Comptez de 4 à 5 h pour cette boucle.

Pour en savoir plus, contactez la **délégation du Conservatoire du littoral de Corse**.
corse@conservatoire-du-littoral.fr
www.conservatoire-du-littoral.fr

Autres rivages **à explorer**

Cavone (Osani)

(I) Paradis sauvage **du golfe de Porto**

Girolata est un petit hameau marin, blotti au cœur du golfe de Porto. Inaccessible par la route, ce petit paradis sauvage situé aux portes de la réserve naturelle de Scandola est classé au patrimoine mondial de l'Humanité. De là, un agréable sentier de promenade débouche sur une belle plage de galets, qui offre une vue splendide sur le fortin génois dominant le golfe.

Pratique

Arrivé (par la mer ou par le sentier) au hameau marin de Girolata, se diriger vers le sentier Mare Monte (direction nord). À l'aire à blé, suivre le chemin qui descend vers la mer puis prendre à droite vers la plage de Cavone.

Balade 45 mn ; retour par le chemin de grande randonnée.

Fortin génois.

Omigna (Cargèse)

(J) Une tour sur la **pointe**

Pour atteindre l'extrémité de la presqu'île d'Omigna, il faut partir de la plage de Peru et longer la pointe, jusqu'à la tour. On y découvre un paysage aux pelouses odorantes à immortelles d'Italie, utilisées pour la fabrication d'huiles essentielles. En avançant vers la mer, vous traversez les maquis* brossés de lentisque et de myrte, plantes méditerranéennes par excellence. La végétation devient cependant plus rase à mesure que l'on s'approche de la pointe rocheuse où le vent est plus fort, et le paysage traversé de muret devient plus minéral.

Pratique

Laisser le véhicule au nord de la plage de Peru, au nord de Cargèse. Emprunter la piste puis le chemin jusqu'à l'extrémité de la presqu'île.

Balade 2 h 30 ; retour par le même chemin.

La tour d'Omigna, édifiée en 1605 et aujourd'hui restaurée.

Puntiglione (Cargèse)

(K) Entres lianes et **granites**

Une belle promenade depuis le centre du village de Cargèse, et qui se prolonge à l'ouest vers la colline, jusqu'à l'extrémité de la pointe. Sur votre passage, admirez les granites à biotite qui jalonnent le territoire et, dans le maquis littoral, les lianes épineuses de l'asperge blanche. Une fois la tour génoise dépassée, avancez en direction de la pointe. Le site offre une vue imprenable sur le village, la presqu'île d'Omigna et le Capu Rossu.

Pratique

À pied depuis le centre du village de Cargèse, se diriger à l'ouest vers la colline avec des relais téléphoniques par la piste. Suivre ensuite le chemin jusqu'à la tour, puis l'extrémité de la pointe.

Balade 1 h 30 ; retour par la partie nord-ouest de la pointe (sentier rural).

Tour génoise.

Ricantu (Ajaccio)

(L) **Balade panoramique** près d'Ajaccio

Au sud-est d'Ajaccio, une agréable balade vous amène sur une grande plage de sable plutôt grossier, où viennent se déplier les beaux rouleaux formés par la mer. Profitez du vaste panorama, qui recoupe tout à la fois le golfe d'Ajaccio, les îles Sanguinaires et le Capu di Muru. En arrière d'un petit bourrelet dunaire, dans une lande originale poussent le genêt de Saltmann, ordinairement plutôt montagnard, la scrophulaire rameuse et la très rare et endémique* linaire jaune. L'escargot de Corse ne vit, sur la planète terre, que sur ces quelques milliers de mètres carrés. Au néolithique, il occupait une aire bien plus vaste qui s'est rétractée au mouchoir de poche qu'il occupe aujourd'hui, sans que l'on en comprenne les raisons.

Pratique

Le long de la route menant à l'aéroport d'Ajaccio, point de départ à quelques kilomètres au sud-est du centre-ville.

Balade 30 mn à 1 h.

Les rivages du Sartenais

De Campumoru-Senetosa à Roccapina, d'une tour à l'autre, 3 000 ha et 30 km de côtes sont définitivement préservés. Non loin de sites archéologiques de l'âge du bronze, le sentier emprunte le littoral et nous entraîne dans l'univers fantasmagorique des *taffoni**, granites ouvragés par l'érosion. Il faut pénétrer avec humilité dans ce conservatoire de la nature méditerranéenne et se laisser envahir par l'émotion.

Les sites du Sartenais sont aménagés avec soin par le Conservatoire du littoral et les gestionnaires (Conseil Général et Syndicat Elisa). Il est possible d'y parcourir des sentiers pour une petite promenade ou une grande journée, d'y visiter la tour de Campumoru à la rencontre des « Barbaresques ».

13 De Campumoru à Senetosa
Une nature sauvage empreinte d'humanité

Un des plus grands sites du Conservatoire du littoral s'étend au sud-ouest de la Corse, de la pointe de Campumoru jusqu'au phare de Senetosa. Paysages et habitats naturels méditerranéens côtoient les traces datant de l'âge du bronze pour les plus anciennes.

Sans cesse exposée au vent, fortement découpée, la côte semble très sauvage. De la tour de Campumoru au phare de Senetosa, les vestiges de présence humaine sont pourtant nombreux, témoignant des différentes occupations du site. Aujourd'hui, prolongé par les rivages du Parc marin international corso-sarde, Campumoru est un des grands sites naturels protégés de Méditerranée occidentale.

Taffoni* *surnaturels*

La roche partout présente est le granit. Certains types de granits, les monzogranits, sont moins résistants à l'érosion et offrent au site l'un de ses aspects les plus remarquables : les *taffoni*, des rochers sculptés par l'érosion. Ils ont des formes souvent extravagantes dans lesquelles le promeneur imaginera des silhouettes d'animaux et autres créatures. Plus prosaïquement, c'est l'action conjuguée de l'eau salée et d'un vent régulier, ainsi que l'alternance de périodes sèches et humides, qui sont les agents principaux de ces transformations.

La côte sauvage de Senetosa à la Punta di Campumoru, face au golfe du Valinco

Pelouses et maquis côtiers*

Du sol minéral et salé, exposé au vent, aux vallons frais, distants de quelques centaines de mètres à peine du rivage, se déroule toute une succession végétale très typique du maquis corse. Les immortelles parfumées, les calycotomes piquants ou les cistes abondants laissent rapidement place aux genévriers de Phénicie, aux bruyères arborescentes, aux arbousiers et aux lentisques. Les plantes les plus rares (crocus corse, romulées, iris fétides), et les plus discrètes, se trouvent sur les pelouses littorales, entretenues notamment par les vaches « ensauvagées » et les sangliers.

Conservatoire de la faune méditerranéenne

Les lézards sont abondants. Parmi eux, le lézard de Bedriaga, habituellement montagnard, trouve ici sa place. Phyllodactyles et discoglosses sardes, sans oublier les tortues d'Hermann, complètent la faune herpétologique. Les oiseaux marins, rares comme le goéland d'Audouin ou le puffin cendré, fréquentent la côte sans y nicher. Alouettes lulu et bruants zizi, espèces de milieux ouverts, fréquentent les pelouses littorales. Entre mer et maquis, le merle bleu défend de son chant flûté son territoire de chaos rocheux. Enfin, de l'autre côté du miroir, les poissons profitent des éboulis et des herbiers de posidonies*. Sars, girelles, dentis, murènes et mérous forment, avec la très menacée patelle géante (protégée) et l'étonnante algue *Lythophyllum* (qui constitue des « trottoirs » calcaires) cet exceptionnel conservatoire de la faune méditerranéenne.

Menhirs

Les premières traces de l'occupation humaine du site datent de l'âge du bronze. Les alignements de Palaghju, champ de « menhirs » (*stantari*) le plus important de Méditerranée, ne sont distants que de quelques kilomètres de la tour de Campumoru.

Pillages

La tour de Campumoru fut achevée en 1586, en réaction à des dizaines d'années de pillages des pirates barbaresques, dont notamment le terrible sac de Sartène où plus de 500 habitants furent pris et emmenés en captivité.

Un passé agricole

Aires à blé, fontaines, bergeries et murets de pierre, datant de quelques centaines d'années, comptent parmi les nombreux vestiges du passé agricole du site.

Bruant zizi mâle

Tours génoises
Les sentinelles de la Corse

Au XVIe siècle, il devient urgent de protéger l'île contre les incursions des corsaires et pirates de la Méditerranée. Un vaste réseau de tours voit alors le jour.

Bien avant la chute de Constantinople vaincue par l'armée turque en 1453, le pourtour méditerranéen et les îles sont déjà en proie aux razzias sarrasines. Après cette défaite historique qui sonne la fin de l'empire byzantin et l'avènement de la puissance ottomane, les raids barbaresques s'intensifient, notamment en Corse, territoire situé sur la frontière mouvante de l'affrontement entre les empires turc et espagnol.

La guerre de course

Chrétiens et Musulmans s'affrontent désormais sur la mer, au travers de la « guerre de course » dont la finalité est de contrôler les routes maritimes, arraisonner les navires de commerce et capturer des esclaves. La Reconquista espagnole de 1492, avec la défaite des morisques avides de revanche, viendra renforcer les équipages de galères corsaires commandées par de célèbres capitaines, comme les frères Barberousse, recrutés par les régences barbaresques d'Alger, Tripoli et Tunis, menacées par l'Espagne de Charles Quint.

La difesa torregiana

Malgré quelques tentatives de défense des côtes par des galères génoises, les razzias continuent. Répondant à un double objectif de défense et de mise en valeur du littoral, la République de Gêne, via l'Office de Saint-Georges jusqu'en 1562 et ensuite en son nom, va palier ce manque. À la demande, et avec le concours des populations corses mises à contribution par leur travail et un supplément d'impôt sur le sel, est entrepris,

Tour génoise de Fautea, sur la côte orientale

entre 1530 et 1650, un vaste programme de construction de près d'une centaine de tours. Implantées sur les hauteurs, dans des endroits stratégiques tels qu'aux sommets des pointes bordant marines et baies, visibles les unes des autres, elles forment un grand réseau d'alerte et de défense. Bâties sur le même modèle, elles se déclinent en tours rondes ou carrées, très rarement fortifiées d'une enceinte. Chacune comprend, à l'intérieur de sa base, une citerne alimentée par une goulotte canalisant les eaux de pluie collectées en terrasse. Une échelle amovible permet d'accéder, de l'extérieur, au premier étage de la tour qui accueille une salle de repos. Celle-ci est dotée de niches pour entreposer les vivres, d'une cheminée, parfois d'un four à pain et d'un évier. Au-dessus de cette salle commune, une plateforme entourée de meurtrières pratiquées dans les murs est destinée au guet tandis qu'au faîte de la tour, une terrasse défensive crénelée surmontée d'une « guardiola » offre une vision à 360 degrés.

Un système d'alerte efficace

Les tours génoises, bien qu'équipées d'artillerie, sont avant tout un dispositif d'alerte qui signale les incursions ennemies. Chaque soir après l'Ave Maria, s'il n'y avait rien d'anormal, un feu était allumé dans les villages et sur les tours. S'il n'y avait pas de feu, c'est qu'il y avait un problème. Plusieurs feux allumés donnaient une information plus précise sur le nombre de vaisseaux ennemis qui s'approchaient. Ces signaux étaient répercutés de poste en poste.

L'exposition « Barbaresques »

Pour vous faire revivre ces siècles passés, l'exposition « Barbaresques » déployée dans la tour évoque les faits majeurs qui ont traversé le Sartenais au cours de cette période troublée.
Conçue sur des supports originaux tels qu'enseignes sur mât, roue de l'histoire et mappemonde, elle vous éclairera sur la vie des corsaires et des forbans, la montée de la puissance turque en Méditerranée, l'avènement des régences barbaresques et la configuration d'une galère turque. Ces visuels attractifs vous feront découvrir qui étaient les bâtisseurs de ce réseau de tours ingénieuses, ainsi que la place de la Corse dans la navigation méditerranéenne.
Vous y vivrez par l'imaginaire une descente barbaresque et le sac de Sartène, le rachat des captifs, la quête du corail rouge, les étapes qui ont jalonné la construction de la tour de Campumoru...

balade

Sentier de la tour
Antò et la tour de Campumoru

Ici, maquis* renaissant, force des éléments, vues imprenables et empreintes humaines de la petite et de la grande histoire se conjuguent pour donner à ressentir, sous le souffle du *libecciu, du *punente** ou du *maestrale**, les frissons entremêlés de la nature et des hommes.**

Village et tour de Campumoru

Du panneau d'entrée de site de Bassa Turri ✖, prenez à droite le sentier « u Torregianu ».

Sur le chemin qui mène à la tour de Campumoru, Antò, un gardien de tour intemporel témoigne, au travers d'un sentier d'interprétation, de sa vie de torregianu. En quelques stations, il nous parle des anciens jardins et murets envahis par le maquis, des oléastres greffés pour la production d'olives, des bergers et des grands propriétaires, de la relation particulière entre les habitants du pays et la pierre, de la production du charbon de bois et du port de commerce… Véritable mémoire des lieux, il nous invite à une extraordinaire remontée du temps.

À la première patte d'oie ❶, poursuivez à gauche l'ascension vers la tour, en admirant les remarquables aménagements réalisés par le gestionnaire du site.

La marine de Campumoru, jadis appelée Port'Erice, exportait à la période génoise blé et autres produits de la terre vers Gênes et ses présides. Jusqu'à la Première Guerre mondiale, ce port jouera un rôle croissant. Au milieu des années 1980, apparaît une ferme marine où l'on élève encore aujourd'hui loups, ombrines et daurades. Dans ces eaux, il n'est pas rare de voir des exocets, ces fameux poissons volants qui, grâce à leurs nageoires pectorales puissantes, s'élèvent au-dessus de la mer pour planer quelques instants.

Arrivé à la tour de Campumoru ❷, contournez-la par la droite vers Punta Bianca.

La tour de Campumoru, érigée en 1586 en moins d'une année après le sac de Sartène de 1583, qui vit Hassan

Pacha, à la tête de 2 000 hommes, fondre sur la cité et capturer des centaines de villageois, est la plus massive des tours de Corse. Avec son enceinte fortifiée dont l'angle sud forme une véritable proue de navire, elle fut conçue comme une solide place forte où pouvait séjourner une garnison importante.

Continuez vers Punta Bianca en faisant un petit crochet par l'anse des Génois ❸.

Quel contraste entre la face orientale de la tour où, abrité, le maquis s'élève à la recherche de lumière, et la façade occidentale tournée vers le large où les genévriers de Phénicie, sculptés par le vent en forme de drapeau, n'ont pas loisir à grandir. Vers l'anse des Génois, un rocher en forme de dauphin attire la curiosité. Ce clin d'œil de la nature est étonnant, car au large de la « Punta di Campumoru », il est fréquent de voir nager des groupes de grands dauphins et parfois des rorquals.

Ignorez la direction des Pozzi pour aller vers Punta Bianca, passez sous le gros rocher ❹ *puis terminez votre boucle vers le panneau d'accueil.*

Point d'orgue de ce labyrinthe de *taffoni**, un gros rocher, percé d'un bout à l'autre par l'érosion, vous permet de pénétrer au cœur de la roche. En travers du sentier, il se présente comme une porte d'entrée dans ce monde minéral qui a inspiré bien des légendes.

Grand dauphin

Pratique

Arrivé par la D 121, vous pouvez stationner à la marine de Campumoru. Au-delà, l'accès est réservé aux riverains. Une fois garé, traversez à pied le lotissement Calanova pour arriver à « Bassa Turri » (bas de la colline de la tour), début du sentier.

Comptez 1 h pour cette balade, 2 h si vous décidez de visiter la tour et son enceinte.

Pour en savoir plus, contactez l'**office de Tourisme du Sartenais-Valinco**.
Tél. 04 95 77 15 40
www.oti-sartenaisvalinco.com
Vous pouvez également visiter la tour de Campumoru et découvrir l'exposition « Barbaresques » - Entrée 3,50 €

balade

Canuseddu
Dans le jardin du vent

Parmi les itinéraires possibles pour partir à la découverte du site de Campumoru-Senetosa, la boucle du Canuseddu offre des vues originales sur ces rivages du Sartenais : les paysages, où alternent plates-formes littorales et pointes rocheuses, sont somptueux.

À partir du parking ⊗, longez le littoral. Vous parvenez rapidement au lotissement de Calanova ; continuez jusqu'à Bassa Turi ❶, point de départ des trois boucles et du sentier d'interprétation qui mène à la tour de Campumoru. Suivez le balisage « Boucle de Canuseddu ». Prenez à gauche en direction de la mer puis de nouveau à gauche pour longer le rivage ❷.

Sur les pelouses littorales, l'éclosion des romulées marque la fin de l'hiver. Les calycotomes, qui arborent de jolies fleurs jaunes au printemps, sont équipés de redoutables piquants. Quelques centaines de mètres plus loin, vous croisez le retour de la plus petite boucle.

En arrivant vers i Scoddilonghi ❸, le paysage devient très minéral. Les *taffoni**, rochers façonnés par les éléments, sont splendides. N'hésitez pas à vous aventurer dans le petit « tunnel » au milieu des parois de granit (un sentier pour les chevaux part à gauche).

Lever de soleil derrière la Punta et la tour de Campumoru, au bord de la côte sauvage vers Senetosa

Après avoir passé la deuxième pointe rocheuse (punta di Scalonu) ❹, le paysage se dégage. Vous parvenez à une plage marquant l'embouchure du petit ruisseau de la plaine du Canuseddu ❺.

Quittez le littoral avant la plage et remontez le long du ruisseau.

Vous croisez une retenue d'eau artificielle ❻ qui accueille des crapauds verts, des grenouilles vertes de Berger et des oiseaux d'eau. La végétation est typique du maquis* corse : très beaux genévriers de Phénicie, arbousiers, lentisques, cistes, lavandes et romarins. Les lézards détalent sous vos pieds.

Vous parvenez sur le sentier retour de la plus grande boucle ❼. Prenez à gauche. Une côte, douce puis plus raide, vous emmène en direction de la crête.

Le maquis, haut, apporte une fraîcheur bienvenue en été. Vous découvrez bientôt de beaux points de vue sur la plaine du Canuseddu puis une perspective insolite sur Campumoru.

Verdier

Croisez, sans l'emprunter, une ancienne piste ❽. Au carrefour, au niveau du chemin de retour de la plus petite boucle, vous découvrez une ancienne aire à blé ❾, témoignage du passé agricole du site. Continuez ensuite à droite vers Bassa Turi, point de départ de la boucle.

Pratique

Sur la N 196 entre Sartène et Propriano, empruntez la D 121 en direction de Belvédère-Campomoro. Campumoru est un cul-de-sac : garez-vous uniquement sur les emplacements prévus à cet effet, voire au parking payant en haute saison.

La balade commence dans le village de Campumoru, au moment où la route rejoint le bord de mer.
Comptez 15 mn pour rejoindre le départ des boucles à partir du village (idem au retour) puis 2 h 15 pour la boucle de Canuseddu, longue de 5 km environ. Le long du sentier d'interprétation qui monte à la tour de Campumoru, faites quelques haltes avec « Antò u torregianu » ; il vous contera l'histoire des lieux.

Le printemps est l'une des meilleures saisons pour découvrir le site : la température est alors agréable, le maquis en fleurs...

Un dépliant et une carte ont été édités et précisent toutes les possibilités de balades et de randonnées. Ces informations sont également disponibles sur des panneaux à la mairie et à Bassa Turi (point de départ des boucles). Voici les principales : Tour de Campumoru et retour par l'anse des Génois (1 h 15), boucle des Pozzi (1 h 45), boucle du Canuseddu (2 h 30), boucle de Manna Mulina (5 h).

balade

Conca Senetosa
Randonnée en terre pastorale

Dans la vallée de Conca, qui connut autrefois un millier de foyers, murets, bergeries et hameaux en ruine gagnés par le maquis*, évoquent, de criques en collines rocheuses, la vie d'un pays qui fut longtemps rythmé par la transhumance.

Parmi les gardiens des lieux : l'ours de Conca

De votre stationnement ✖, allez par le chemin littoral vers la Punta di Barcaju ❶.

Un maquis dense surplombé de guetteurs en pierre et de rochers isolés en mer, tous plus insolites les uns que les autres, jalonnent cet itinéraire. Tout au long de cette balade, saurez-vous retrouver, à terre : le fantôme à cagoule et l'ours ; en mer, le redoutable écueil de la dent du bandit et le rocher de la tortue ?

À la flèche en bois, suivez à droite un sentier plus étroit et arrivé à un cairn, prenez tout droit.

Les criques sableuses de Cala Longa, Cala di Tivedda et Cala di Conca viennent adoucir cette côte rocheuse très découpée. Exutoires de petits ruisseaux aux régimes torrentiels, elles accueillent derrière leurs cordons dunaires de prolifiques zones humides où vivent crapauds verts, discoglosses sardes et autres anoures.

Traversez la Cala Longa ❷. À partir de là, l'itinéraire est balisé. Poursuivez vers le phare après avoir franchi le ruisseau de Tivedda ❸. Après le phare ❹, dépassez le Capu di Senetosa et poursuivez vers la Casa d'Ana.

Bâti sur le Capu di Senetosa et allumé en 1892, le phare de Senetosa éclaire, à 22 milles en direction du large, la route maritime qui relie le golfe d'Ajaccio à Bonifacio. Original par ses deux tours blanches qui culminent à une quinzaine de mètres de haut, il a accueilli jusqu'en 2008 de nombreuses générations de gardiens de phare. La Corse est un pays de sources, comme celle de la « Funtana di l'Agula » ❺, blottie sous un maquis haut à chênes verts et bruyères arborescentes.

Discoglosse sarde

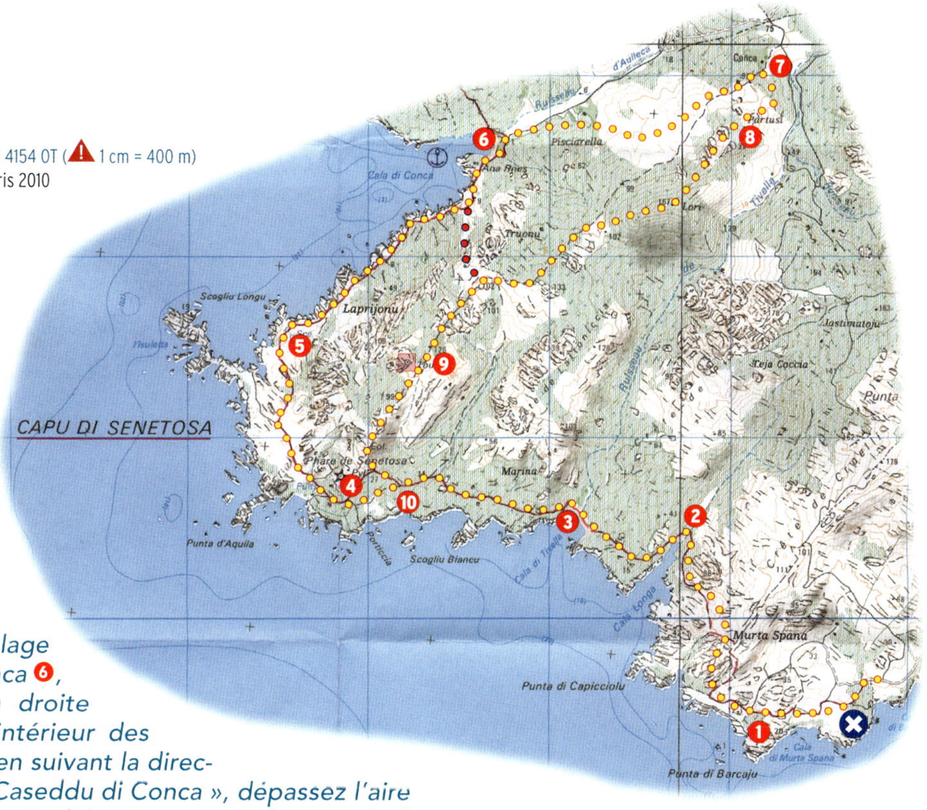

Carte IGN 4154 OT (⚠ 1 cm = 400 m)
© IGN Paris 2010

De la plage de Conca ❻, allez à droite vers l'intérieur des terres en suivant la direction « Caseddu di Conca », dépassez l'aire à blé, puis dirigez-vous vers la tour de Senetosa, dépassez le caseddu ❼, et prenez la direction du hameau de Partusi.

Une forte présence agropastorale a dessiné au fil des siècles cette infrastructure ensevelie sous les pistachiers lentisques et les calycotomes. Murets de pierres séparant les parcelles des sommets à la mer, aires à blé, caseddu isolés et hameaux évoquent un pan d'histoire de ce pays de bergers. Partusi, ce hameau digne des récits de Tolkien et de sa Comté à « Hobbits », avec ses « orii » maçonnés autour des *taffoni**, témoigne avec éloquence du savoir-faire de ces pâtres.

Après Partusi ❽, passez le mont Lori, puis gagnez la tour de Senetosa ❾. Allez vers le phare de Senetosa. À la bifurcation avant celui-ci ❿, prenez à gauche pour regagner votre véhicule.

À la requête de la population de la Rocca, la tour de Senetosa fut construite en l'an 1609. Dirigée traditionnellement par des notables sartenais secondés par quelques soldats, elle sera abandonnée en 1713 pour ne servir que de signal.

Pratique

De Tizzano, prenez la piste en fin de village en direction de Barcaju. Après avoir franchi le ruisseau de Barcaju, garez-vous sur la première aire de stationnement disponible en bord de piste. La partie de Barcaju à Cala Longa est en cours d'aménagement.

Comptez 7 h pour cette balade qui est l'une des plus longues de ce guide.

Pour en savoir plus contactez l'**Office de tourisme du Sartenais-Valinco**.
Tél. 04 95 77 15 40
www.oti-sartenaisvalinco.com

14 Roccapina
Au pays des *taffoni*

Au-dessus de la Cala di Roccapina, il est un roi pétrifié qui, depuis des milliers d'années, veille sur les côtes découpées et le maquis* escarpé. Du haut de ses 144 mètres, ce lion de pierre a tout vu, sans doute bien plus que nous ne le saurons jamais, présent de jour comme de nuit sur ce site à la croisée d'une nature sauvage et d'un jardin idyllique.

Quand la nature se fait artiste

À voir le lion et l'éléphant de Roccapina, comment ne pas imaginer la main de quelque artiste de la préhistoire venu exprimer sa perception d'un autre monde, traduite en un Land Art mégalithique à la fois figuratif et fantastique ? Ce serait ignorer le matériau sculpté, le granite, et douter de la force créatrice des éléments naturels : l'eau, le vent, le sel et le soleil, tous quatre associés pour un incroyable ouvrage. Remontons aux origines. Il y a 300 millions d'années, naissait dans le magma ce granite à grain clair constitué de quatre cristaux : un de quartz, deux de Feldspath, les plus durs et un de mica, le plus tendre. Dégagée de terre par l'érosion, cette roche plutonique refroidie et cristallisée dans les profondeurs, fissurée en maints quadrilatères, s'altérera peu à peu pour créer de gigantesques chaos rocheux. D'angles vifs en arêtes courbes, ces blocs s'arrondiront jusqu'à devenir, à certains endroits, des boules.

Creusées grain à grain, ces roches formeront un des bestiaires les plus imaginatifs de la planète, donnant naissance à des histoires à faire rêver les plus petits et faire frémir les plus grands. Pour un scientifique, cela ne fait aucun doute : ce sont les cristaux de sel qui sont à l'origine de ce travail et de cette collection unique de *taffoni** que l'on rencontre dans le Sartenais. En effet, en cristallisant, le sel augmente de volume. Il s'insère entre les cristaux de roches qui, peu à peu, se délitent, formant à la base de la masse rocheuse altérée, une arène granitique qui, avec les eaux de ruissellement, constitue le sable des plages. Les micas sont les premiers à partir, mais inexorablement les autres cristaux cèdent sous la pression. Ainsi, peu à peu, formes et cavités se modèlent. On se plait à rêver que ces sculptures en pierre pourraient bien être d'origine surnaturelle. Dans les légendes, les *taffoni* sont souvent des personnages pétrifiés par des anges ou des démons, mettant en scène des âmes pures ou des malveillants, selon les lieux, les croyances et les sources. À bien regarder ces structures insolites, allez savoir qui, du scientifique ou du poète, a raison ?

Du *taffonu* à l'oriu

Des minuscules trous en forme de nids d'abeille aux cavernes spacieuses, les *taffoni* ont depuis toujours été utilisés par l'homme. Ainsi, la Corse recèle-elle un habitat troglodytique original, issu d'une véritable architecture agropastorale constituée d'un heureux mariage entre cavités naturelles et appareillages en pierres sèches. Abris de pâtres, bergeries, enclos sous roche, soues à cochon, niches à chien, poulaillers et autres habitats insolites, appelés ici oriu ou sapara, forment à Roccapina, comme en maints endroits de l'île, des abris qui ont défié les siècles.

Oriu de berger reconstitué

Jardiner le maquis

À Roccapina, tout était déjà en place pour façonner un lieu extraordinaire. Encore fallait-il avoir une certaine vision de ce havre constitué de roche et de végétation persistante, et faire preuve de suffisamment de finesse et de connaissances pour l'aménager, sans jamais rien heurter et falsifier. *Taffoni*, chênes verts et oliviers centenaires, bruyères arborescentes, arbousiers et genévrier de Phénicie faisaient ici depuis longtemps partie du paysage, surplombant ou entourant de leur présence les constructions des hommes. De citerne en oriu pour hommes ou bêtes, d'enclos à brebis en postes de défense haut perchés, il ne restait qu'à souligner le trait, à imaginer une déambulation sensorielle à fleur de roche, tantôt sous les voûtes sombres du maquis, tantôt sur les belvédères rocailleux illuminés de soleil et habités par les lézards tiliguerta. Ces aménagements sont désormais réalisés, à vous maintenant d'en découvrir l'attrait.

balade

Lézard tiliguerta

Un éléphant dans un jardin

Au-delà de la vue paysagère que l'on a du col, le charme de cette balade ne réside pas dans les grandes étendues mais dans la beauté de petits espaces aménagés avec subtilité, où la rencontre entre le promeneur et la nature se fait dans l'intimité, en présence d'un éléphant aussi massif que discret.

Du parking du col de Roccapina ✖, face à la mer, descendez à droite par l'escalier en pierre, vers l'ancien jardin du cantonnier.

À moins de 300 mètres de la tour génoise de Roccapina, construite en 1610, vers la fin du programme de la « difesa torregiana», le lion de Roccapina présente une silhouette majestueuse. Sur sa tête, il porte en guise de crinière une enceinte fortifiée datant du Moyen Âge. Sous sa gorge, un *taffonu** a servi d'abri aux hommes à l'âge du fer, et à une époque plus récente, de grenier à blé. Bien des légendes circulent sur ce félin. Sur fond d'histoire d'amour, il y a celle d'un valeureux seigneur, surnommé par les Sarrasins le lion de Roccapina, qui, épris d'une jolie bergère, ne put l'épouser. Gagné par la mélancolie, il aurait été pétrifié après avoir invoqué la mort. Moins triste mais plus inquiétante, une autre légende raconte que ce serait le diable qui aurait créé un lion terrifiant pour signifier à une belle jeune femme son désir et sa puissance. Éconduit, il aurait, de dépit, pétrifié son lion.

Par ailleurs, une phrase reprise en chanson, associant le lion de Roccapina et l'homme de Cagna, une boule en équilibre sur un sommet de l'arrière-pays, est très employée ici : le lion de Roccapina dit à l'homme de Cagna « *Toi tu gardes la mer et moi je garde la montagne* ».

Carte IGN 4254 OT (1 cm = 250 m)

De l'ancien jardin du cantonnier, allez vers le taffonu en forme d'éléphant puis, à la patte d'oie ❶, prenez à droite vers l'enclos en pierres sèches et contournez-le à main gauche.

L'ancien jardin du cantonnier est un lieu apaisant où, en un espace réduit, l'essentiel est réuni. Savoir optimiser les lieux est en Corse une tradition, car depuis l'époque des grands propriétaires, bergers et paysans, pour bâtir leurs cabanes, devaient respecter la loi du maître qui exigeait que, lorsque l'on construisait, il fallait utiliser le moins de terre possible.

Éléphant de Roccapina et enclos à brebis

Le lion de Roccapina

Après l'enclos à brebis, dans un virage, dépassez une première terrasse ❷ *et poursuivez.*

Cet enclos à brebis est un modèle du genre. Observez bien les embases et le haut de cette enceinte en pierres sèches. Au sol, ce sont de gros blocs qui ont été utilisés pour les fondations tandis qu'au faîte du mur, ce sont de larges dalles qui ont été posées en couverture, afin d'éviter les infiltrations et d'assurer la tenue des parements en moellons. Le portail est lui aussi de facture traditionnelle. Fabriqué avec de l'oléastre coupé à la vieille lune – bois utilisé par ailleurs pour les piquets de clôture, les barrières et les charpentes –, il est d'une grande résistance aux intempéries.

Au rocher en forme de champignon ❸*, prenez à droite le sentier qui mène au belvédère* ❹.

Une grande partie des essences du maquis* est utilisée par l'homme. Si l'oléastre, ou olivier sauvage, est un bois dur, d'autres, comme le genévrier de Phénicie, le sont plus encore. Ce « bois de fer » donne des charpentes centenaires. Nombre de bois à forte densité étaient utilisés ici pour la fabrication du charbon de bois, produit sur des charbonnières à l'abri de l'air, avant d'être exporté à Bastia pour alimenter les hauts-fourneaux.

À la descente du belvédère, prenez l'embranchement de droite et passez entre les enceintes de pierres ❺.

Les reliefs accidentés de ce point haut servirent de poste de guet et de défense au cours de la Seconde Guerre mondiale. Dans les *taffoni* empierrés transformés en microfortifications et dans des nids de mortiers, creusés dans le sol, les soldats italiens surveillaient la route du col et les rivages, afin de contrôler les passages.

Arrivé au bout de ce chemin ❻*, dirigez-vous à l'intersection à gauche, puis poursuivez tout droit jusqu'à votre stationnement.*

Le gestionnaire du site intervient ici avec un art consommé. Les chemins sont aménagés avec les pierres alentour de façon à agencer les lieux le plus naturellement possible. L'objectif à atteindre est que la main de l'homme soit la plus discrète possible, et c'est réussi.

Pratique

De Pianottoli-Caldarello, par la RN 196, allez jusqu'au col de Roccapina. Garez-vous sur le parking face au restaurant.

Comptez 1 h pour cette balade.

Pour en savoir plus, visitez la « Casa di Roccapina », espace muséographique dédié aux *taffoni* et situé au col de Roccapina, juste au-dessus de cette promenade (ouverture en 2012).
Contactez la **délégation du Conservatoire du littoral de Corse** :
corse@conservatoire-du-littoral.fr

Autres rivages **à explorer**

Portigliolo (Propriano)

M Plage de **Portigliolo**

Pour se rendre à la grande plage de Portigliolo, vous traversez des prairies et des bas-fonds humides correspondant à un bras mort du fleuve Rizzanese, dont l'embouchure actuelle est située plus au nord. Si la saison vous est favorable, vous pourrez y voir de nombreux amphibiens. Sur le haut du bourrelet dunaire pousse une plante très rare, la buglosse crispée, aux petites fleurs bleues en grappes. Menacée de disparition, cette dernière vit exclusivement dans les dunes de sable, le long des rivages de Corse et de Sardaigne. Depuis la plage, la vue sur le golfe du Valincu et la tour de Campumoru est splendide. À vos pieds, comme un cadeau de bienvenue, la laisse de la mer a déposé une belle variété de coquillages.

Pratique

- Au sud de Propriano, prendre la N 196 puis à gauche la D 121. Stationner à gauche de la route sur le parking.
- Balade 1 h ; attention, baignade dangereuse en cas de houles d'ouest !

Tre Capeddi (Belvédère-Campomoro)

N La baie de **Campumoru**

Au départ des Trois Chapelles, un sentier balisé offre une très belle promenade dans la fraîcheur des chênes verts, parmi les blocs granitiques. La baie de Campumoru s'étend ici sur une plage au paysage magnifique, d'où l'on peut observer la tour génoise, gardienne silencieuse des lieux. En arrivant en bord de mer, vous trouverez sur votre gauche le cimetière marin, avec ses touchantes sépultures, simples pierres maladroitement gravées des deux initiales pour les plus humbles.

Pratique

- Sur la D 121 entre Belvédère et Campomoro, le sentier (balisé) débute sur la droite au lieu dit « Trois chapelles », 300 m en aval de Belvédère.
- Balade 1 h dans le sens de la descente, 1 h 15 dans celui de la montée.
- Tour génoise à Punta di Campumoru ; cimetière marin.

Chemin littoral (Belvédère-Campomoro)

O Les gargouilles de **Campumoru**

À Campumoru, au pied de la colline de la tour, vous vous engagez dans une longue randonnée le long d'un rivage naturel, alternant plateformes littorales abrasées par d'anciens niveaux marins et pointes rocheuses tourmentées en granite « leucocrate ». Éblouissantes par leur clarté, ces véritables gargouilles de granite aux formes fantasmagoriques, comme évidées, creusées de l'intérieur, forment un abri idéal pour la faune et la flore du littoral. Sur la côte, vous admirerez d'ailleurs de beaux jardins naturels de genévriers, et autres maquis* brossés et taillés par le vent.

Pratique

- Départ à Bassa Turri au pied de la colline de la tour de Campumoru jusqu'à Tizzano.
- Longue balade (7 h sans le retour).
- Tour de Campumoru.

Cala Barbaria (Sartène)

P **Cala Barbaria,** plage d'Argent

Pour arriver à la Cala Barbaria, on chemine le long de la magnifique plage de Tradicettu. Un petit coup d'œil s'impose sur les zones humides en arrière des dunes, où des tamaris prennent une jolie teinte rose dès le printemps. Un peu plus loin, plaquée sur une pointe de granite, une dune de sable fin est couverte d'hélianthèmes, petites fleurs jaunes qui poussent aux environs de juin. Parvenu au niveau de la plage d'Argent, vous cheminez le long de la pointe rocheuse de Murtoli. Là, dans de petits suintements insignifiants, grandissent discrètement des têtards de discoglosses sardes ou de crapauds verts. Vous avez devant vous des fonds marins accueillants, comme pavés de magnifiques dalles rocheuses.

Pratique

- Prendre la D 48 au sud de Sartène, vers Tizzano. Peu avant Tizzano, prendre la petite route à gauche « camping de l'Avena » et aller jusqu'à la plage de Tradicettu.
- Balade aller-retour 2 h 30.

Le sud et le Parc marin international

Pinèdes, plages de sable, marais et pointes rocheuses égayent la côte de Sainte-Lucie à Porto-Vecchio. Les maquis* et les prés, d'où émergent des chênes-lièges, sont parcourus par des tortues d'Hermann. Les tours de guet surveillent les îles Cerbicale et l'horizon d'où venait le danger. Porto-Vecchio, active cité balnéaire, se niche au fond d'un golfe protégé.

Plus au sud, entre calcaire et granite, les 4 000 ha du domaine du Conservatoire sur la terre ferme forment une vaste façade naturelle à laquelle font face les archipels des îles Lavezzi et Cerbicale et leurs fonds marins exceptionnels protégés par la réserve naturelle des Bouches de Bonifacio (80 000 ha).

Le Parc marin international des Bouches de Bonifacio englobera, côté français, la réserve naturelle et les terrains du Conservatoire, et les îles sardes de l'archipel de la Maddalena. L'Office de l'Environnement de la Corse conduit le projet et assure déjà la gestion des espaces protégés situés en Corse.

15 Bruzzi
Eaux limpides et biodiversité

Au sud-ouest de la réserve naturelle des Bouches de Bonifacio, les Bruzzi offrent un paysage minéral des plus sauvages. Que l'on arrive par la terre, d'un sentier gardé par un vénérable chêne-liège, ou par la mer, accueilli à l'anse de Chevanu par une icône minérale qui ressemble à la Vénus de Milo, un charme rare opère sur ces rivages d'eau claire à l'impressionnante biodiversité marine.

Une côte rocheuse très découpée

Au débouché d'un chemin où ombre et lumière alternent sous les feuillages des arbousiers et des bruyères arborescentes, un point haut offre à plus de 180 degrés une vue plongeante sur la presqu'île des Bruzzi, dédale rocheux que viennent baigner des eaux limpides. Il suffit de passer d'un côté à l'autre de cette avancée, tour à tour exposée à des vents contraires, pour pouvoir se baigner, au levant, à la plage de sable blond de Vénus, et au couchant, à la plage Corail, nommée ainsi pour sa couleur rouge. Prolongée en mer par les îlots des Bruzzi, cette côte rocheuse fut le théâtre de bien des évènements, comme le naufrage du Tasmania, prestigieux navire à vapeur qui vint s'éventrer au XIXe siècle, comme beaucoup d'autres dès l'Antiquité, sur les récifs des Moines visibles au loin, à l'ouest.

Paysage de vent

Aperçues de loin, les côtes de granite des Bruzzi semblent comme aplaties par le vent. Seules résistent, sous forme de relief prononcé, les roches les plus dures. Les plus tendres subissent les effets de l'érosion : ce sont les *taffoni**, rochers aux allures étonnantes sculptés par les éléments. Ancrée dans cet univers minéral, la végétation subit elle aussi le phénomène d'anémomorphose*, elle est taillée, rasée, peignée par le vent. Côté mer, le littoral est déchiqueté, mais d'heureuses anses formées par quelques cours d'eau offrent des plages merveilleuses, à défaut de mouillages sûrs.

Flore marine

Sur le rivage, un maquis* typiquement corse, agrémenté de genévriers de Phénicie, ourle de vert les roches dont les teintes varient du gris au rose. Sous l'eau, se cache le véritable trésor de ces rivages méridionaux : un vaste herbier de posidonies*. Cette plante à fleur, souvent confondue avec une algue, constitue un vivier naturel pour toute une partie de la faune méditerranéenne. Cet ensemble de hauts-fonds, allant de la pointe des Bruzzi aux écueils des Moines, sont préservés par une zone de protection renforcée et des périmètres de non-prélèvement de la flore et de la faune, dont le cormoran huppé de Desmarest, oiseau emblématique des Bouches de Bonifacio.

Diversité biologique

Alors que les sangliers viennent s'abreuver aux mares temporaires jouxtant un rivage sans cesse battu par les flots, les rochers périodiquement recouverts par les vagues sont le domaine de prédilection de la patelle géante, un mollusque protégé figurant parmi les espèces les plus menacées de Méditerranée. Derrière le miroir, bien des poissons, communs ou rares, vivent en abondance : corbs, mérous, dentis... Des dauphins croisent régulièrement au large de ces rivages situés au sein d'un vaste sanctuaire marin.

Côte rocheuse de Bruzzi

balade

D'une anse à l'autre, par les sentiers bordés d'asphodèles

Si vous parcourez toutes les balades de ce guide, aucune chance de finir avec des « jambes comme des tiges d'asphodèle », selon la savoureuse expression corse. Au-delà des bienfaits de la marche, cet itinéraire vous fera découvrir un littoral haut en couleurs où vit, parmi d'autres essences du maquis*, cette plante dont les bienfaits sont multiples.

Du parking ✖, engagez-vous sur le sentier balisé.

En cheminant par ce début de sentier ombragé, vous pourrez imaginer, en regardant les bruyères arborescentes, les multiples formes de pipes que les racines de cet arbuste au bois dur et résistant à la chaleur ont engendrées, façonnées par les doigts experts des artisans. Cette espèce, comme le chêne-liège, exploité pour la production de bouchons, fut longtemps très prisée, ainsi que nombre d'autres qui firent aussi la réputation du maquis, source de matières premières dans une économie agropastorale souvent autarcique.

Arrivé à un point haut ❶, prenez à gauche la côte orientale de la presqu'île.

De la presqu'île des Bruzzi à l'anse d'Arbitru, havre pour bateaux et organismes marins, petites échancrures et avancées rocheuses rythment ce littoral où la végétation, du bord de mer à l'intérieur des terres, s'élève progressivement parmi des colosses de granite.

Allez à la plage de Vénus ❷, puis traversez d'est en ouest pour aller à la plage de Corail ❸.

Asphodèles blancs

Si la plage de Vénus est, par son atmosphère, un lieu qui appelle à la méditation et aux ablutions tranquilles, la plage de Corail est une invitation à une exploration subaquatique avec palmes, masque et tuba. Le long des rochers immergés, vous pourrez ainsi découvrir le foraminifère rouge, animal à la forme d'arbuscule calcifié de couleur rouge rosé, fixé en priorité aux pieds des posidonies* mais aussi dans l'obscurité des cavités sous-marines.

Suivez les cairns le long du littoral et remontez 4 par l'intérieur des terres.

Les zones protégées depuis longtemps, comme les Bruzzi et les îlots des Moines abritent des populations marines équilibrées, tels que poissons et crustacés, qui présentent tous les stades de développement. Très diversifiées, grâce au jeu des courants, elles essaiment à destination de zones mises en réserve plus récemment. Cet « effet réserve » gagne ainsi progressivement de plus en plus d'espaces maritimes.

Longez un muret de pierres 5 puis bouclez votre itinéraire au niveau du point haut.

Au printemps, les asphodèles blancs déploient leur hampe florale. La tige de cette liliacée, espèce pyrophyte, c'est-à-dire qui résiste au feu, servait de flambeau pour s'éclairer la nuit. Après les efforts, on appréciait un bon matelas confectionné avec les feuilles cueillies fraîches puis séchées. En cas de famine, les bulbes de l'année étaient prisés. Il suffit de voir les bords de chemins retournés par les sangliers pour avoir une idée de leur attrait.

Pratique

De Pianotolli, sur la RN 196, prenez la direction de Caldarello. Après l'église et le cimetière de ce village, prenez une route à droite. Arrivé au niveau du camping de Kevano, allez encore à droite puis garez-vous sur le parking du Conservatoire du littoral situé à 2 km environ.

Comptez 2 h pour cette balade, plus si vous vous baignez. Palmes, masque et tuba ainsi que jumelles vous seront utiles pour pousser plus loin votre exploration. Le site des Bruzzi, situé dans le Parc Marin International, bénéficie d'une protection renforcée. Tout prélèvement y est interdit. Le mouillage est strictement réglementé.

Pour en savoir plus, contactez la **réserve naturelle des Bouches de Bonifacio.**
Base technique de la Rondinara
B.P 507
20169 Bonifacio
Tél. 04 95 45 04 00
www.oec.fr
www.parcmarin.com

16 A Testa
Marais tranquilles et côtes découpées

Dominé à l'ouest par la Testa, massif granitique culminant à 181 mètres, le pourtour de la baie de Figari offre un microrelief et des milieux si variés que les botanistes n'y dénombrent pas moins de 24 espèces protégées et 20 autres considérées comme rares à l'échelle de la Corse et du continent.

Une ambiance de « ria »*

Au fond de la baie de Figari, sur des marais aux contours rougis par les salicornes, stationnent immobiles de grands échassiers, hérons et aigrettes, postés à l'affût en quête de proies. Ici, eaux douces et salées se mêlent à travers un méandre qui relie les marais à la mer. Si le maquis* des reliefs granitiques alentour ne nous rappelait pas à la réalité corse, on pourrait aisément se croire au fond d'une ria bretonne temporairement couverte par la marée. Vision poétique ou scientifique ? Les géomorphologues nous expliquent cette ressemblance. Cette baie est bien une « ria », vallée creusée lors des dernières glaciations, alors que le niveau de la mer se trouvait plus bas, et qui se trouva ennoyée au moment de la fonte des glaciers.

La richesse vient de la diversité

Situées aux débouchés de cours d'eaux temporaires qui dévalent les talwegs de la Testa, les dépressions humides formées par les salines Sottana et Soprana furent, au fil des millénaires, séparées de la mer par un large cordon sableux. Alimentées en eau douce uniquement en période pluvieuse, ces dépressions saumâtres s'évaporent rapidement à l'approche de l'été. Les conditions particulières de ce milieu permettent l'installation d'espèces adaptées aux substrats humides et salés comme la cresse de Crète, petite plante abondante sous les tropiques mais assez rare sur les côtes méditerranéennes. Vers la Punta di Ventilègne, microfalaises, maquis bas, pelouses rases et chaos granitiques confèrent au paysage un aspect sauvage et aride qui convient à d'autres plantes comme le colchique de Corse, qui fleurit à l'automne sur les pelouses sableuses.

Rainette sarde

« J'aimerais retrouver ce site comme je l'ai connu étant mino ! »

… espérait un élu, nostalgique de son enfance, lorsque le Conservatoire du littoral a racheté les deux tiers des terrains privés de la Testa entre 1996 et 2002. À cette date, voitures et 4 x 4 traversaient les salines jusqu'à venir se garer sur la plage au détriment de la qualité paysagère, de la tranquillité des baigneurs et de la flore qui, piétinée, s'était appauvrie ou avait disparu en maints endroits. Depuis cette acquisition, le Conservatoire du littoral et la commune de Figari se sont attelés à rendre au site son caractère naturel. La piste d'accès et les stationnements ont été déportés à l'intérieur des terres, et de petits sentiers sinuant discrètement dans le maquis ont été aménagés pour accéder au littoral. Les milieux vulnérables, dunes, salines et marais ont été protégés et restaurés, ou sont en voie de l'être. Pour garantir la compatibilité des activités humaines avec la préservation du site, des conventions d'utilisation ont été passées avec l'école de surf, les chasseurs et les éleveurs.

La sagesse des anciens

Il y a 30 ans, les pêcheurs venaient dans les marais et les maquis de la Testa Ventilègne pour « tirer le jonc », *u ghjuncu*, et couper, à la nouvelle lune, le myrte, *a morta*, qui servaient notamment à confectionner les nasses à langouste. L'usage de ces astucieuses vanneries fut délaissé pour le filet trémail en nylon, plus productif bien que moins respectueux de la ressource. Ce dernier empêche la fuite des plus petites langoustes, abîme les prises et emprisonne au passage dentis, mustelles, sars, ou chapons qui meurent, ne pouvant être alors ni vendus, ni consommés. À l'heure où l'on recherche des solutions pour pratiquer une pêche durable et maintenir la pêche artisanale, le retour à l'usage de la nasse traditionnelle, ou de son équivalent moderne en aluminium, est d'actualité.

balade

De la ria de Figari à la Punta di Ventilègne

Avec une ria* marécageuse à la végétation abondante, des rivages sableux couverts de maquis* arborés et entrecoupés de salines, de petites criques entourées de magnifiques chaos de granites et la rencontre avec d'étonnants géants de pierre, vous serez séduits par la beauté du site de la Testa.

Du parking ✖, prenez à l'Est le sentier qui s'engage dans le maquis, longe la Saline Sottane puis rejoint la plage ❶.

Ce maquis au sol meuble constitue le domaine vital de la tortue d'Hermann, *a cuppulata*, qui privilégie toutefois les secteurs où le maquis est constitué d'une mosaïque de milieux ouverts et couverts.

Longez la plage et suivez le sentier littoral en passant devant la bergerie ❷ de la Testa di u Ghjattu, la tête du chat.

Chaos de granite clair creusé de *taffoni** aux courbes surprenantes, buissons sculptés en coussin de ciste, filaire, oléastre, lentisque ou myrte aux vertes extrémités rougies par les embruns, tout semble ici s'exprimer selon le bon vouloir du vent, maître des lieux.

Carte IGN 4255 OT (⚠ 1 cm = 310 m)

Roche nue

Pratique

Depuis Bonifacio, prenez la RN 196 en direction de Sartène. Après avoir dépassé l'embranchement allant à droite vers l'aéroport, prenez la seconde route à gauche, vers le « Port de Figari ». La voie se poursuit par une piste. Garez-vous sur la dernière aire de stationnement. L'entrée du sentier se trouve à gauche, au fond du parking.

Prévoyez 3 à 4 h aller-retour sans compter le temps de baignade. Variante : vous pouvez garer un autre véhicule sur le dernier stationnement aménagé au bout de la piste qui passe à l'ouest du Monte Scupetu.

Les sites du Conservatoire du littoral sont gérés dans ce secteur par l'équipe de la réserve naturelle des Bouches de Bonifacio sous l'égide de l'O.E.C.

Office de l'environnement de la Corse
Réserve naturelle des Bouches de Bonifacio
Base technique de la Rondinara
B.P 507 20169 BONIFACIO
Tél. 04 95 45 04 00
www.oec.fr
www.parcmarin.com

Gagnez la large et longue plateforme littorale de la Punta di Ventilègne ❸.

Le granite a pris ici des formes si singulières que le lieu semble peuplé de personnages de légendes. Accompagné par un parfum d'immortelle, gravir un mégalithe aux rondeurs éléphantesques, se blottir sous une voûte minérale accueillante aux côtés d'un genévrier de Phénicie, contempler un cyclope au profil de gorille, par ailleurs amer naturel, repère pour les gens de mer, pourrait déclencher l'envie de se poser çà et là pour laisser libre cours à son inspiration, dessiner ou écrire quelques lignes.

Poursuivez le sentier pour accéder à une succession de plages de sable ou de galets ❹.

Le dédale de gros blocs de granite ventrus qui enchâssent ces jolies criques offre de nombreux abris et recoins pour la flore et la faune sous-marines qui les investissent bien volontiers. Bancs de mulets, daurades royales, gros labres et sars accompagneront sans doute votre balade subaquatique.

Retrouvez en arrière de la plage un éventuel second véhicule, ou revenez sur vos pas vers votre stationnement initial, en passant cette fois par la Fontaine de Bruno ❺.

La proximité des salines et de l'eau douce de cette source captée peut favoriser une rencontre inattendue. Venant de traverser le sentier, une rainette sarde s'engouffre dans le maquis. Approchons. Grâce à ses pelotes adhésives, cette délicate grenouille arboricole, endémique* de Corse-Sardaigne et d'îles toscanes, se déplace avec une agilité déconcertante dans l'enchevêtrement des branches.

17 Bonifacio À la croisée de deux entités minérales

Constitués de roches magmatiques et calcaires, deux terroirs singuliers illustrent ici avec une incroyable diversité paysagère tout un pan de l'histoire naturelle de la Corse. Du mont de la Trinité au causse de Bonifacio, appelé piali, cortèges végétaux contrastés et faunes inféodées à des milieux bien différents se côtoient sur des territoires façonnés par des activités humaines ancestrales.

De chaos granitique en plateau calcaire

À l'extrême sud de la Corse, quelle surprise de voir apparaître du haut des 219 mètres du mont de la Trinité, posé sur un socle cristallin vieux de 300 millions d'années, un vaste plateau blanc, fait de calcaire accumulé au fond de la mer il y a 18 millions d'années, alors que la Méditerranée était plus haute qu'actuellement !
Quelle transition soudaine de passer, le temps de la traversée de la Cala di Paragan, d'un chaos rocheux surplombant une côte découpée, à des strates accumulées en falaises spectaculaires ! Quel bonheur de découvrir par les sentiers, vers l'Occident, un monde de vallons sourceux débouchant sur des criques intimes et, vers l'Orient, un univers de rias* profondes et de grottes marines, territoires d'anciennes mémoires !

N'est-ce pas dans ces pays à la fois proches et différents, qu'à l'ouest, le mont de la Trinité connut sur ses flancs rosés, bien avant la naissance du Christ, des cultes d'une autre spiritualité, et qu'à l'est, la Dame de Bonifacio, vieille de près de 9 000 ans, fut exhumée de sa sépulture crayeuse ? Souvenirs de bergers au couchant, de marins au levant et, pour tous deux, d'une histoire entremêlée d'implantations et de destinées ligures, pisanes, génoises, corses et françaises, ponctuées de passages espagnols, turcs et barbaresques, de périodes de paix et de guerre, de prospérité et de fléaux. De ces temps passés, demeurent ici ermitage, murets et bergeries, marine et haute ville fortifiée, patrimoine à découvrir lors d'une balade inoubliable, accompagnée par les reptations des lézards tiliguerta, les virevoltes des papillons jason, et sur les rivages, par les vols des martinets. Ulysse, au temps de l'Odyssée, s'il n'avait pas été si mal accueilli par les géants qui peuplaient alors ces rivages, aurait sans doute fait de ces terres sa seconde Ithaque, comme nombre de Corses et de visiteurs aujourd'hui, heureux qui comme lui, ancrés ou de passage, sont du voyage.

Falaises calcaires, grotte marine
et phare de la Madonetta

Du sol naît la différence

À roches distinctes, ambiances et biodiversité contrastées. Tandis que du côté de Capu di Fenu, le granite s'érode en boules cyclopéennes ou en *taffoni**, composant un décor chaotique, le calcaire de Bonifacio forme un causse régulier qui communique, à certains endroits, avec des grottes marines qui jalonnent les falaises. Au-delà de la végétation de maquis* commune à ces deux territoires géologiques, composée de lentisques, de genévriers de Phénicie, de chênes verts, d'oliviers, d'asperges blanches et vertes, de romarins et autres essences caractéristiques de ce milieu, se déploie, sur le plateau de Bonifacio, une flore calcicole typique de la garrigue. Astragales de Marseille, plantes aux épines redoutables, armoises arborescentes et cinéraires maritimes, aux déclinaisons cendrées et argentées, jonchent ce piali. Dans ce milieu calcaire, vit également le flambé, magnifique papillon jaune zébré de noir, et le plus petit des lézards de France : l'algyroïde de Fitzinger, endémique* de Corse et de Sardaigne.

L'effet réserve

Dans cette zone de non-prélèvement classée en réserve intégrale* jusqu'à 100 mètres des côtes, la vie foisonne. Autour des îlots protégés et dans les petites criques, la diversité et la taille de la faune marine sont bien plus importantes que sur d'autres sites ouverts à la pêche et à la plongée sous-marine, comme à l'ouest de la baie de Stagnolu. Certains corbs (poissons) peuvent atteindre ici plus de 60 centimètres. Plus gros et nombreux, ils peuvent se reproduire plus facilement. C'est ce que l'on appelle l'effet réserve ou encore le cercle vertueux.

balade

Capu di Fenu
Petit paradis des chèvres

Merle bleu

Capu di Fenu, le cap du foin, est depuis longtemps une zone pastorale. Entre vallons étroits d'où s'élève un maquis* haut, dunes fossiles, criques intimes et côtes exposées où règnent chaos rocheux et pelouses maritimes, ce site offre de belles ambiances. Dans ce pays de sources, on peut voir déambuler, de sommets en plages, des chèvres aux allures sauvages.

Carte IGN 4255 OT (⚠ 1 cm = 350 m)
© IGN Paris 2010

N

De votre stationnement ✖, descendez sur la plage de la Cala di Paragan, puis allez à droite, par la passerelle, sur le sentier littoral.

La Cala di Paragan est un lieu très pédagogique où l'on peut observer la zone de contact entre le granite, situé sur la rive ouest, et le calcaire, sur la côte est.

Dépassez le four à briques et l'ancienne carrière, en direction de la Cala di I Frati ❶.

À l'ouest de la Cala di Paragan, là où argile et bois abondent, subsistent les ruines d'un four à briques implanté à côté de dalles rocheuses ayant servi d'embarcadère.

Continuez sur le sentier littoral en franchissant quelques vallons et la Cala Genovese ❷.

Au débouché de vallons sourceux s'étirent des criques de rêve qui font le bonheur de milliers d'alevins cherchant nourriture et protection dans ces eaux paisibles. Sur ces côtes brassées où les rochers sont immergés à quelques mètres de profondeur, vit le corb, poisson cavernicole de couleur bronze.

Empruntez l'ancien chemin aux Moines, en direction de la bifurcation ❸ qui mène au phare.

Situé en aval de l'ermitage de la Trinité, doté dès le haut Moyen Âge d'une chapelle, le chemin aux Moines est un petit tronçon pavé qui permet de gravir un raidillon. Deux espèces de geckos vivent dans ce milieu rocheux : le phylodactyle et l'hémidactyle, reptiles nocturnes dont le second craint le froid.

Les chèvres de Capu di Fenu

Faites un crochet par le feu de Fenu ❹ et revenez sur vos pas vers le sentier balisé.

Le feu de Fenu est une tour carrée de 9 m de haut bâtie à même le roc. Son feu directionnel émet 4 éclats blancs toutes les 15 secondes.

Traversez la vallée « pétrifiée » et dépassez Cala Grande ❺.

Dans cette zone, le maquis semble pétrifié. Cela est dû à l'incendie qui a ravagé en 1994 le territoire de Bonifacio, brûlant sur son passage quelques tortues d'Hermann et nombre d'autres espèces qui n'avaient pas la chance, comme le merle bleu, de pouvoir s'envoler.

Suivez les cairns en passant par Cala di u Merlu ❻, jusqu'à la Tonnara ❼.

En cette fin de parcours règne une ambiance minérale où le maquis, prostré par les rafales d'embruns, s'est réfugié à l'arrière des terres. Seules quelques plantes, comme l'érodium de Corse, rare endémique*, se tapissent au pied des roches. Un dispositif de pêche destiné à attraper les poissons pélagiques* comme les thons, appelé par ailleurs madrague, a donné son nom à ce lieu-dit et à cet archipel : la Tonnara.

Pratique

De Bonifacio en direction de Figari, par la RN 196 et 500 mètres avant la D 60, prenez à gauche la piste de Mucchiu Biancu. Garez-vous sur le parking au bout de cette impasse.

Comptez 5 h aller pour cette longue balade, le double si vous n'avez pas laissé un autre véhicule à la Tonnara.

Pour en savoir plus, contactez la **réserve naturelle des Bouches de Bonifacio.**
Base technique de la Rondinara
B.P 507
20169 Bonifacio
Tél. 04 95 45 04 00
www.oec.fr
www.parcmarin.com

balade

Strada Vecia
Sur les chemins pavés

Puffin cendré

À partir de la Strada Vecia, ancienne voie génoise, commence un voyage au cœur d'un pays calcaire dont le patrimoine naturel et culturel est d'une originalité unique en Corse. Chemin pavé et sentiers pédestres conduisent, à l'intérieur des terres, à de vieux jardins savamment agencés et à un maquis* coloré, puis sur le littoral, à d'impressionnantes falaises blanches qui plongent dans le bleu des Bouches de Bonifacio.

Les falaises de Fazzio

De la marine, remontez vers le camping puis prenez, après la station essence, à gauche, la voie pavée ⊗.

Cette portion de voie pavée illustre parfaitement, par son appareillage en moellons agencés par petits tronçons de part et d'autre d'un axe central légèrement relevé, le savoir-faire des Génois qui avaient réalisé entre leurs cités un solide réseau de communications.

Quittez la Strada Vecia puis empruntez la boucle littorale 1. Au passage, vous pouvez méditer sur ce proverbe bonifacien :« Derrière chaque muret, une oreille vous écoute ».

En bons cultivateurs, les Bonifaciens ont façonné au cours des siècles, dans les vallons arrière-littoraux, un parcellaire admirable constitués de hauts murets de pierres sèches, de jolis abris appelés « baracun » et de tout un petit patrimoine original.

Suivez le goulet 2 jusqu'à la mer.

Ce goulet constitue un abri naturel de tout premier plan. Au fond de cette ria* profonde, s'est développée la marine de Bonifacio. Tour à tour havre pisan, repaire de pirates, port génois puis corse, cette ville basse protégée des attaques par la cité fortifiée de la ville haute, sera de tout temps très active, tant pour la pêche que pour le commerce et les expéditions guerrières.

Faites un petit crochet par la Madonetta 3.

À l'entrée du goulet, le phare de la Madonetta, petite Madone, veille sur les bateaux qui entrent dans le goulet ou qui croisent dans les Bouches de Bonifacio. Celles-ci

sont parsemées d'îlots et d'écueils qui, s'ils font la terreur des marins, servent de perchoir aux cormorans huppés formant ici l'une des plus importantes populations de Méditerranée. Avec les falaises, les plus grands îlots sont également des sites de nidification pour les puffins cendrés qui s'y reproduisent au printemps.

Dépassez la grotte marine de Sdragonatu ❹ *et poursuivez le long du rivage.*

Ces falaises sapées par la mer présentent un véritable dédale de grottes marines dont certaines ont des proportions gigantesques, à tel point que des bateaux y entrent.

Passez devant un four à chaux pour aller sur la plage de Fazzio ❺.

Autour des îlots de Fazzio, entre lesquels il est possible de naviguer par un étroit passage, se déploient des trottoirs à lithophyllum, algue rouge incrustée de calcaire ayant formé, au fil du temps, une partie de la roche alentour.

Remontez par le vallon vers la Strada vecia ❻*, puis revenez à votre point de départ.*

Non loin d'un baracun, apparaît une oliveraie. Sur le piali, on avait coutume d'entourer chaque olivier d'une terrasse circulaire empierrée, afin de le préserver de la sécheresse. Au loin, comme posée sur le maquis, apparaît en une vision surréaliste la haute ville de Bonifacio.

Pratique

Arrivé à Bonifacio, garez-vous à la marine.

Comptez 4 h pour cette balade, et 1 h de plus si vous vous baignez à la plage de Fazzio.

Pour en savoir plus, contactez la **réserve naturelle des Bouches de Bonifacio.**
Base technique de la Rondinara
B.P 507
20169 Bonifacio
Tél. 04 95 45 04 00
www.oec.fr
www.parcmarin.com

18 Rondinara et Prisarella
Au gré des courants marins

Au quaternaire, alors que le niveau de la mer était plus élevé, les courants marins déposèrent sables et galets entre deux îlots situés face à la côte. Au fil du temps, ces flux façonnèrent avec un art subtil les courbes parfaites de la baie de Rondinara, et au nord de celle-ci, la zone humide de Prisarella.

Autour de la plage, un patchwork de biodiversité

Une anse intime frangée d'une longue plage de sable clair, baignée par des eaux calmes aux reflets turquoise et nichée au creux d'un relief se terminant en mer par deux hauts promontoires rocheux… Sans aucun doute, la baie de Rondinara mérite bien son classement de « plus belle plage de France ».
Pour arriver à ce chef d'œuvre naturel, un long processus géomorphologique fut nécessaire. Contournant inlassablement les obstacles et charriant en douceur les sédiments marins, le patient jeu des courants en sera l'élément majeur. Après le retrait des eaux, lors de la dernière régression marine, les îles qui préexistaient devinrent des presqu'îles. La Punta di Rondinara se trouva alors reliée à la côte par un premier tombolo, cordon de sable et de graviers. À la même période, deux autres tombolos se formèrent au niveau de la Punta di Prisarella, l'un au sud, en lien avec la plage de la Rondinara, l'autre à l'Est, tourné vers la mer. Une petite dépression alimentée par les eaux pluviales fut ainsi close, créant l'étang d'eau saumâtre* de Prisarella.

Modelé au fil du temps, ce petit territoire à la topographie complexe présente aujourd'hui une mosaïque de milieux diversifiés : prairie inondable et zone humide, dune embryonnaire, milieux marins abrités et battus, pelouses à asphodèles ou à immortelles, maquis* et forêt, qui contribuent, au-delà de l'attractivité première de la plage, au charme particulier de ce lieu.

L'herbier, un autre monde

En nageant avec palmes, masque et tuba le long de la Punta di Prisarella, vous découvrirez les formes de vie surprenantes qui peuplent ces eaux marines. Sur les fonds sableux de la baie croit lentement l'herbier de posidonie*, plante à fleur aux longues feuilles rubanées. Essentiel à l'équilibre du milieu marin, il produit de l'oxygène, abrite pontes, larves et alevins et constitue l'habitat et la source de nourriture de nombreuses espèces : oursins violets, étoiles de mer, saupes... En nageant discrètement à fleur de prairie sous-marine, vous pourrez surprendre quelques scènes inoubliables comme celle d'un hippocampe moucheté qui, la queue enroulée autour d'une feuille, chasse à l'affût de minuscules proies qu'il aspire d'un coup sec dès qu'elles passent à sa portée. Foisonnant de vie, l'herbier de posidonies est fragile. Ce milieu est particulièrement sensible à l'arrachage provoqué par les ancres des embarcations qui détruisent, en quelques secondes, l'équilibre atteint au cours de longues années, voire de siècles. Pour le préserver, il suffit de mouiller sur zones sableuses en s'équipant d'un orin, petite bouée attachée à l'ancre par un bout permettant une levée verticale.

Baie de Rondinara

Jeu de racines sur la Punta di Rondinara

La grande nacre

Ce coquillage bivalve endémique* de la Méditerranée, pouvant dépasser l'extrémité des posidonies de près de 30 cm, bien qu'il soit déjà enterré sur un tiers de sa hauteur, est l'un des plus grands de la planète. Vivant en bonne intelligence avec lui, un petit crustacé transparent lui rend un fier service. Bénéficiant du gîte et du couvert à l'abri de ses valves, celui-ci prévient son hôte de tout danger, comme l'arrivée d'un poulpe ou d'une daurade, en lui pinçant les branchies. Alertée, La grande nacre se referme alors immédiatement. Longtemps ramassée par les plongeurs, transformée en trophée ou utilisée pour son byssus servant à la fabrication de gants très fins, la grande nacre s'est considérablement raréfiée. Il est interdit de prélever la grande nacre, désormais classée espèce protégée.

balade

Une balade à trois facettes

Partagée entre une anse paradisiaque, un étang lagunaire ourlé de joncs et une côte rocheuse sauvage constituée de falaises basses et de grèves de galets multicolores, cette balade offre contraste et diversité.

Du parking ✖, empruntez l'escalier, puis le sentier qui mène à l'étang de Prisarella et à la plage de la Rondinara ❶.

De l'étang à la mer il n'y a qu'un pas, pourtant, chacun de ces milieux dégage une ambiance particulière. Sur le plan d'eau, l'aigrette garzette, qui nidifie au large sur l'archipel des Cerbicale, vient prélever ses proies dans les herbiers de ruppias. Grand cormoran, héron cendré, sarcelles d'hiver et d'été fréquentent également cette zone humide exempte de pratiques de pêche. Au sud, derrière la bordure de joncs, sur le cordon sableux mobile qui sépare l'étang de la plage, s'épanouit la flore des dunes : panais épineux, panicaut et euphorbe des dunes, pavot cornu et lis de mer dont les jolies fleurs blanches découpées exhalent une odeur agréable.

Carte IGN 4255 OT (1 cm = 250 m)

Gagnez à gauche le bout de la plage et gravissez le sentier qui monte sur la pointe ❷.

À l'automne, le « second printemps » corse, réapparaissent les fleurs et les rosettes de feuilles de nombreuses plantes géophytes* qui, pour résister à la chaleur et à la sécheresse estivales, vivaient sous terre sur les réserves de leur bulbe ou de leur tubercule.

Dès les premières pluies de la fin de l'été, sous-bois et pelouses se parent ainsi des couleurs rose pâle du scille, blanches du narcisse et givrées d'une délicate orchidée à tige spiralée, appelée spiranthe d'automne.

Depuis les hauteurs de la pointe ❸.

Au-delà de la Rondinara s'étend le golfe de Santa Manza et la Punta di u Cappiciolu. Au sud, la côte se poursuit sans discontinuité apparente. Pourtant, ce sont bien les côtes sardes et le Parc national de l'Archipel de la Maddalena qui se détachent sur l'horizon, séparées de la Corse par les Bouches de Bonifacio, chenal de 15 km de large. Soucieuses de préserver les qualités biologiques et paysagères de cet espace maritime exceptionnel, les autorités corses et sardes travaillent à l'élaboration d'un Parc marin international qui permettra d'assurer une meilleure gestion de ce patrimoine.

Poursuivre vers les plages de Prisarella ❹.

Sur cette côte, le granite, dit leucocrate, forme peu d'arènes granitiques et ne s'érode pas en boules comme sur d'autres secteurs. Fracturé, il conserve des contours anguleux et crée un paysage singulier de petites falaises et d'îlots découpés aux couleurs chatoyantes, ornés de lichen or, abritant des anses miniatures bordées de galets roses, verts et bleus, mouchetés çà et là de cristaux colorés.

Longez l'étang ❺ sur la gauche pour retrouver la plage de la Rondinara et poursuivez par une balade aquatique, si cela vous tente. Revenez sur vos pas pour retrouver le parking.

Étang d'eau saumâtre* de Prisarella

Pratique

Depuis Bonifacio, prenez la N 198 en direction de Porto-Vecchio, puis la D 158 en direction de Suartone / Rondinara. Traversez le village de Suartone et laissez à votre droite les « hameaux de la Rondinara » pour descendre vers la baie en restant sur la route principale. À la dernière patte d'oie, 700 m avant le camping, prenez à gauche l'entrée qui mène à la base technique de la « réserve naturelle des Bouches de Bonifacio ». Stationnez avant celle-ci, à gauche.

Prévoyez 1 h pour cette petite balade, 1 h de plus pour la découverte aquatique. Pensez à vous munir de palmes, masque et tuba et bien sûr, d'eau, d'un chapeau et de crème solaire.

Les sites du Conservatoire du littoral sont gérés dans ce secteur par l'équipe de la réserve Naturelle des Bouches de Bonifacio, sous l'égide de l'O.E.C.

Office de l'Environnement de la Corse
Réserve Naturelle des Bouches
de Bonifacio
Base technique de la Rondinara
B.P 507 20169 Bonifacio
Tél. 04 95 45 04 00
www.oec.fr
www.parcmarin.com

19 Tamaricciu
D'eau claire et de sable blanc

Situé au nord de la réserve naturelle des Bouches de Bonifacio, Tamaricciu est, par la beauté et la diversité de ses milieux naturels, un site emblématique. Lovée entre la Punta di Colombara et le Capu d'Acciaju, sa plage de sable blanc est une des plus prisées de Corse, tandis qu'à quelques brasses de là, l'îlot de la Folaca, préfiguration des îles Cerbicale, représente un sanctuaire pour la faune et la flore.

Entre rivage fréquenté et îles protégées

Sur ce littoral autrefois infesté de moustiques, au point qu'une implantation génoise ait avorté à cause du paludisme, il est paradoxal de constater que Tamaricciu soit devenu aujourd'hui un des sites les plus en vogue de l'île. Il est vrai que, vu de la route, son paysage apparaît idyllique. Pins parasols et rotonde, plage et côte rocheuse abritées, déployés en contrebas d'un maquis* serré, invitent à la découverte qui commence ici par une progression à travers une végétation chamarrée. De part et d'autre du sentier, de longues lianes de salsepareille, dont les fleurs jaunes exhalent à l'automne un parfum subtil, serpentent entre les cistes de Montpellier et les genévriers à gros fruits, telle une haie sauvage menant à une plage de sable fin. Au nord-est, s'élèvent de hautes dunes adossées à la Punta di Colombara, face à l'îlot de la Folaca et aux îles Cerbicale qui s'égrainent au large.

Ainsi, à peu de distance, se côtoient deux univers bien distincts séparés par la mer ; l'un, rivage fréquenté où se retrouve en nombre une population humaine encline à

Rotonde de Tamaricciu et chaos rocheux à explorer sous l'eau

se ressourcer, l'autre, archipel isolé de l'île Mère à la faveur de la remontée des eaux, domaine de quelques espèces animales endémiques*.

Espace de transition et de tranquillité, l'arrière-littoral abrite une zone humide prolifique dont l'écologie contraste fortement avec celle du maquis environnant, créant un effet de lisière propice à une plus grande biodiversité.

Une visiteuse exceptionnelle, la tortue caouanne

En Corse, jusqu'à ces dernières années, la ponte de tortues caouannes n'avait jamais été avérée, bien que cette espèce de tortue marine croise déjà au large. En novembre 2002, furent découverts au nord de Tamaricciu des restes de coquilles ainsi que deux œufs entiers, attestant pour la première fois une ponte. Attentive, la communauté naturaliste est à l'affût. D'autres nidifications ont été constatées depuis lors à Saint-Tropez et en Méditerranée occidentale. Cette tendance se confirmera-elle dans l'avenir pour la côte orientale de Corse ?

De l'autre côté du miroir

Pour le randonneur aquatique équipé de palmes, masque et tuba, les fonds marins de Tamaricciu et de l'île de la Folaca livrent de somptueux paysages. Bien qu'immergé dans un milieu naturel, on se croirait ici dans un véritable aquarium où, sur peu d'espace, se côtoient les principaux milieux subaquatiques de l'île. Sur les fonds sableux, les prairies de posidonies* ondulent sous la houle. Elles sont habitées par le peuple des herbiers dont le grondin volant est un curieux élément. Pour se mouvoir, ce poisson déploie avec élégance d'étonnantes nageoires bleues en forme d'ailes. Aux abords des rochers, apparaissent les algues. Les cystoseires, algues brunes de surface, tapissent la zone de balancement des marées, là où aucune pollution n'est avérée, tandis que constamment immergées, les acétabulaires, algues vertes unicellulaires, ancrent leurs tiges surmontées d'un disque à quelques mètres de profondeur. C'est autour des *taffoni** immergés que l'on découvre un décor sous-marin digne d'un roman de Jules Verne. Dans ce dédale rocheux, vit, parmi de multiples poissons colorés, le crénilabre paon, l'une des rares espèces dont le mâle fabrique un nid avec des algues, afin que la femelle vienne y déposer ses œufs.

balade

Beau et fragile

Au-delà de son apparence idyllique, Tamaricciu est un site fragile. Son sable, produit et charrié par le mouvement des glaciers il y a des milliers d'années, n'est plus renouvelé depuis bien longtemps. Houles et tempêtes sapent les dunes et entraînent à la mer d'innombrables particules. C'est ce qui a conduit le Conservatoire du littoral à engager ici, avec ses partenaires, une véritable politique de mise en défens.

De la route ✖, empruntez le chemin à droite du muret de pierres puis, à la patte d'oie ❶, allez encore sur votre droite, jusqu'à la plage.

Tout au long de cet itinéraire, vous découvrirez les actions mises en œuvre par le Conservatoire et les gestionnaires. Si ce maquis* est ainsi préservé, c'est en grande partie grâce à l'entretien régulier des sentiers qui évite les divagations et le piétinement de cet espace très fréquenté. Parmi les plantes protégées de Tamaricciu, il y en a une qui a donné son nom au site : le tamaris d'Afrique, dont le feuillage particulièrement fin contraste avec les frondaisons des autres arbustes. Grâce à sa résistance aux embruns et à sa croissance rapide, il orne au printemps de ses jolies fleurs roses, les franges littorales et le pourtour de la petite zone humide de l'arrière-dune.

Longez la plage en direction de la Punta di Colombara.

Cette plage de sable fin léchée par l'onde des vagues et le souffle du *sciroccu** perd peu à peu de sa substance. Pour pallier cette érosion, des espèces stabilisatrices des dunes, comme l'oyat et l'armérie pungens, sont multipliées par un jardinier et son

Îles Cerbicale, un sanctuaire pour la flore et la faune

équipe, à partir de graines collectées et replantées sur place afin de favoriser une meilleure reprise.

Poursuivez en contrebas de la dune perchée ❷.

La dune fossile, haute d'une douzaine de mètres, tend à s'effondrer sous les assauts des tempêtes. Plusieurs rangs de ganivelles* ont été posés afin de contenir cette abrasion naturelle.

Dépassez la rotonde ❸ pour passer entre la pointe et le chaos rocheux.

Cette rotonde en pierre, abîmée au fil du temps par la mer, a récemment été rénovée. En compagnie de pins parasols, elle concourt par son architecture au charme du lieu.
Non loin de là, on peut observer dans les espaces rocailleux, à côté des cristes marines, une plante rarissime, bien qu'elle soit plus abondante sur les îles alentour : le silène velouté, plante endémique* corso-sarde classée prioritaire parmi les espèces protégées.

Carte IGN 4254 ET (⚠ 1 cm = 270 m)

Après avoir aperçu au loin les îles Cerbicale, engagez-vous sur le chemin bordé de végétation puis, arrivé à la plage de Palombaggia ❹, prenez à gauche.

L'île de la Folaca et les îles Cerbicale, réserve naturelle classée en Zone de protection spéciale pour la richesse de ses populations d'oiseaux – notamment de pétrels tempêtes et de cormorans huppés de Méditerranée –, sont les gardiennes de la mémoire des temps passés. Isolés par les élévations du niveau de la mer au quaternaire, des reptiles y survivent, comme le lézard tiliguerta, ayant évolué en de curieuses formes micro-insulaires, tout comme le phyllodactyle d'Europe, petit gecko s'abritant de jour au cœur des rochers.

Passez entre la zone humide et le maquis ❺ pour retrouver votre stationnement.

Cette zone humide ceinturée de roseaux et de joncs se situe dans un maquis à genévriers de Phénicie, chênes verts et liège qui, après le terrible incendie de 1991, s'est bien régénéré.

Pratique

De Porto-Vecchio, longez la marine par la route côtière en direction du sud, dépassez Piccovaggia, puis garez-vous le long de la route, après la plage de Palombaggia, au niveau de Tamaricciu.

Comptez 1 h pour cette balade et 1 h de plus si vous optez pour un itinéraire aquatique avec palmes, masque, tuba.

Pour en savoir plus contactez l'**Office de tourisme de Porto-Vecchio**.
Tél. 04 95 70 09 58
www.tourisme.fr/office-de-tourisme/porto-vecchio.htm

20 Fautea
Une côte à deux visages

Une crique lovée entre deux collines rocheuses et une longue plage de sable tournée vers le large donnent aux rivages de Sainte-Lucie de Porto-Vecchio un double visage ; mélange de douceur et de force engendrées par les éléments, façonné au fil du temps par l'histoire des hommes.

Du piémont à la mer

Ici, comme sur presque tout le littoral de Corse, l'implantation humaine est récente. Épidémies et invasions successives avaient incité les populations à choisir dès le VIIe siècle le piémont pour construire leurs habitations, puis au XIVe siècle, les coteaux plus hauts, à l'emplacement des villages actuels. Ce n'est qu'à partir du XIXe siècle, puis de l'éradication de la malaria après la Seconde Guerre mondiale, que les rivages se peupleront progressivement. Ironie du sort, ces régions côtières longtemps dévalorisées et désertées, réservées traditionnellement en héritage aux femmes, deviendront peu à peu les principaux lieux de résidence. Entre nature sauvage, agriculture et installations humaines, il faudra alors composer pour répartir ces nouveaux espaces, affectés au gré des époques, selon les usages, les pratiques et les sensibilités en vogue. À Fautea, la géomorphologie des lieux orientera fortement ce délicat partage.

Tortue d'Hermann

À chacun son territoire

En tous lieux, il existe des endroits privilégiés pour l'homme, et d'autres, pour la faune.
Les uns sont abrités, comme la crique de Fautea, protégée des courants et des vents dominants. Calme, elle sert de mouillage aux bateaux et de lieu de baignade pour les populations qui profitent du sable fin apporté par la mer pour s'allonger et se détendre. Dans ce havre, on peut se laisser aller à la douceur, et, telle une tortue d'Hermann au soleil, sortir la tête de sa carapace, le temps d'une pause.
D'autres sont plus sauvages, comme Lavu Santu, plus exposé aux éléments naturels. Instable, ce site est soumis aux crues de la rivière et aux aléas de la mer, parsemé de zones humides qui font le bonheur des reptiles, des batraciens et des oiseaux friands de terrains régulièrement remodelés. Il suffit de voir, par temps de pluie et de tempête, s'affronter à l'embouchure du Cavu les eaux écumantes de la rivière et de la mer, pour comprendre que les reflux qui convergent vers l'arrière de la dune sont propices au renouveau permanent qui, s'il dérange l'homme, ne gêne pas cette faune. Cistudes d'Europe immergées dans les plans d'eau ou posées sur des bois flottés, crapauds verts arpentant le sable aux grains grossiers et guêpiers d'Europe nichant dans les petites falaises de l'arrière-littoral ne s'y sont pas trompés. Ils ont choisi, pour s'installer, la nature sauvage du site de Lavu Santu, en français le Lac Saint, aussi dénommé l'Ovu Santu, l'Œuf Saint, bien que sa plage appelée par ailleurs la plage des Américains ait servi un temps aux manœuvres de l'OTAN et que quelques carrières aient été exploitées derrière la dune.
Si, pour chacun de ces territoires de vie et de ses occupants, les contraintes et les besoins varient, il est des préoccupations partagées par l'homme et la faune : pollution et feu sont et resteront des ennemis communs.

Le retour des « simples »

Les plantes médicinales, appelées « simples » au Moyen Âge, connurent de la préhistoire à nos jours, en fonction des civilisations et des époques, des fortunes diverses. En France, arrivées à leur âge d'or sous Henri IV, qui créa un Jardin royal sur le modèle du jardin médical de Padoue, elles tomberont en désuétude à l'époque moderne.
Depuis quelques années, un retour aux simples se confirme. Ainsi, à Lavu Santu, les immortelles d'Italie sont-elles prélevées dans le cadre d'une convention de cueillette établie à partir d'une charte respectueuse de l'environnement qui associe protection et utilisation.

balade

Dans le paysage, l'empreinte des tours

Première tour génoise visible de la route si l'on arrive de Bastia, la tour de Fautea, bien que sans garnison depuis des siècles, semble encore veiller de nos jours sur ces côtes orientales où patrimoines historique et naturel s'interpénètrent.

De votre stationnement ✖ allez vers la plage de Fautea par le sentier, à travers le maquis.*

Le gneiss des deux pointes rocheuses qui enserrent la crique de Fautea figure parmi les plus anciennes roches métamorphiques de Corse, apparues il y a 400 millions d'années à la faveur d'une collision entre deux continents. Suffisamment dur pour bâtir un ouvrage pouvant résister aux boulets de canons, il servit à la construction de la tour génoise.

Prenez à gauche en direction de la tour de Fautea ❶ puis revenez sur vos pas.

La tour génoise de Fautea, située à 32 mètres de hauteur sur le point culminant de la Punta di Fautea, est une des quelques tours génoises à deux étages encore présentes en Corse. Érigée à la requête des corailleurs* ligures à la croisée des XVIe et XVIIe siècles, elle fut attaquée et brûlée par les Turcs en 1650. Longtemps en mauvais état du fait de sa terrasse endommagée qui laissait passer la pluie, puis éventrée et partiellement en ruine, elle sera restaurée entre 1988 et 1991. Non loin de là, se trouvent les ruines d'un ancien four à chaux qui servit à cette époque à produire la chaux entrant dans la composition du mortier nécessaire à l'édifice.

Papillon hospiton, le cousin du machaon

Traversez la plage et, au niveau du grand pin ❷, empruntez le sentier à gauche de la colline.

À Fautea, le sable fin provient de la mer. Doux sous la plante des pieds, il est parsemé sur la dune blanche de diotis maritimes et de lis des sables, sur le haut du cordon dunaire de crucianelles maritimes et, en arrière du littoral, d'hélianthèmes dominés çà et là de pins parasols replantés.

Passez le haut de la colline ❸, d'où vous voyez l'île de Pinarellu, puis descendez vers la plage de Lavu Santu ❹.

Sur la colline qui sépare les deux plages et à l'arrière du littoral, les chênes-lièges ont atteint une belle maturité. Ces arbres sont parmi les seuls à résister au feu, pour peu qu'on ne les démascle* pas à moins de cinq centimètres d'épaisseur. Autrefois, on récoltait le liège tous les six ou sept ans, afin de confectionner des plats qui se conservaient des années. D'autres plantes du maquis cumulaient les usages, comme le pistachier lentisque. Ainsi, à la lueur des flammes produites avec son huile, on pouvait déguster une murène attrapée dans une nasse grâce à l'odeur d'un poulpe grillé avec ses branchages, et ensuite se brosser les dents avec ses tiges.

Cheminez par le bord de mer jusqu'à l'autre côté de la plage.

La plage de Lavu Santu est constituée de sable à gros grains charrié par la rivière. Elle accueille sur la dune grise une mosaïque colorée composée de pavots cornus, de chardons bleus, d'immortelles d'Italie et de bien d'autres plantes des sables. Phragmites et tamaris bordent les dépressions humides d'anciennes carrières tandis que pins maritimes épars forment la strate arborescente.

Arrivé à l'embouchure du Cavu ❺ faites demi-tour et revenez par l'arrière de la dune.

Le pâturage, longtemps pratiqué autour du marais, est encore présent aujourd'hui, avec une vingtaine de chevaux et une quinzaine de vaches en libre parcours.

Guêpier d'Europe

Pratique

De Sainte-Lucie de Porto-Vecchio, prenez la N 198 en direction de Fautea puis garez-vous au bord de la nationale, peu avant le camping.

Comptez 2 h pour cette balade sans difficulté.

Pour en savoir plus, contactez l'**Office de tourisme de Sainte-Lucie de Porto-Vecchio.**
Mairie Annexe de Zonza
20144 Sainte-Lucie de Porto-Vecchio
Tél. 04 95 71 48 99
www.zonza-saintelucie.com

Autres rivages **à explorer**

Ermitage de la Trinité (Bonifacio)

Q **Pèlerinage** sur le Mont de la Trinité

Culminant à 205 mètres, le Mont de la Trinité est la « montagne » tutélaire veillant sur Bonifacio. Ce véritable chaos de granite est un ancien ermitage reconverti aujourd'hui en lieu de pèlerinage, cher au cœur des diverses communautés bonifaciennes. Mais la Trinité est aussi une île dans l'île, et un refuge pour les organismes rarissimes, comme le centranthe à trois nervures qui ne pousse qu'en ce lieu, ou encore le très vieil et endémique* lézard de Bedriaga.

Pratique

- Depuis Bonifacio, emprunter la RN 196 en direction de Sartène. Quelques kilomètres plus loin, prendre à gauche en suivant le panneau indiquant l'Ermitage.

Campu Romanilu (Bonifacio)

R Sur les falaises **de la pointe sud**

Du haut des falaises de craie, le vaste horizon s'ouvre sur la ville haute de Bonifacio et s'étend ainsi jusqu'aux Bouches, qui séparent la Corse de la Sardaigne italienne. Dans la foulée, on peut même apercevoir l'étroit goulet au fond duquel est niché le port. Face à un tableau si exceptionnel, la végétation ne peut que redoubler de charme : grâce à une restauration écologique réussie, cette dernière a repris ses droits, et est ici adaptée au sol calcaire, aux vents fréquents, à la sécheresse estivale prolongée. L'astérolide maritime, les coussins épineux d'astragale de Marseille, les genévriers de Phénicie et le rare silène velouté, endémique de la Corse et de la Sardaigne, y forment une joyeuse mosaïque.

Pratique

- Depuis le col Saint-Roch (entre la haute ville et le plateau), suivre le chemin traditionnel dallé. Aller jusqu'à l'abattoir.
- Balade 45 mn ; retour (face à l'abattoir) par le chemin qui domine la marine.
- Informations sur le Parc marin international des Bouches de Bonifacio dans l'ancien abattoir.

Principales espèces du littoral corse

légende

- ▶ Signes distinctifs
- ● Habitat typique
- ▲ Migrateur

(Migrateur partiel : mouvement de population uniquement. L'espèce reste visible toute l'année).

- ✚ Période de présence dans la région

Mammifères

- Poids
- ↔ Longueur
- ↕ Hauteur

Oiseaux

- Poids
- ↔ Longueur
- ↕ Envergure

La longueur comprend, pour les mammifères et les oiseaux, la queue.

Cygnus olor : nom scientifique

Flore du littoral **corse**

Maquis et **garrigue**

Myrte
Myrtus communis

Rochers **côtiers**

Crithme mariti
ou perce pierres
Crithmum maritimur

Barbe de Jupiter
Anthyllis barba-jovis

Ciste de Crète
Cistus creticus

Bruyère arborescente
Erica arborea

Pistachier lentisque
Pistacia lentiscus

Chêne vert
Quercus ilex

Chêne-liège
Quercus suber

Terrains **salés**

Tamaris
Tamarix gallica

Salicorne herbacée
Salicorna europea

Obione
Obione portulacoides

Pelote de posidonie

Banquette de posidonies

Posidonie
Posidonia oceania

Faune du littoral **corse**

Oiseaux **d'eau**

↔ 135 cm
↕ 155 cm

Flamant rose *Phœnicopterus ruber*

À l'aide de son étrange bec et de son cou interminable, le flamant rose « pêche » sa couleur. En effet, ce sont les **minuscules crustacés roses** dont il se nourrit qui donnent cette teinte caractéristique à son plumage. Il les attrape en grattant la vase avec son bec pourvu de lamelles filtrantes. Car ces drôles d'oiseaux vivent en colonies. Leur nid n'est qu'un simple îlot de vase sur lequel la femelle pond un ou deux œufs. Dès que les oisillons quittent leur lieu de naissance, les flamants rassemblent leur progéniture et forment ainsi des crèches surveillées par des adultes. Heureusement, les sites localisés qui abritent les flamants roses sont aujourd'hui protégés. Cet oiseau ne se reproduit pas en Corse mais on le voit de plus en plus en hiver sur les lagunes* de la côte orientale.

- ▸ Bec massif et recourbé, très long cou, plumage blanc-rose, longues pattes
- ● Lagunes d'eau salée peu profondes

Hérons et aigrettes

Les hérons parcourent des eaux peu profondes pour se nourrir. Ils s'alimentent grâce aux poissons qu'ils pêchent à l'affût, parfaitement immobiles. À la vitesse de l'éclair, le cou se détend et le bec, en forme de poignard, transperce la victime.

↔ 95 cm
↕ 165 cm

Héron cendré
Ardea cinerea

↔ 110 cm
↕ 140 cm

Héron pourpré

Héron pourpré
Ardea purpurea

- ▸ Corps élancé brun-gris avec quelques plumes rousses, calotte et huppe noires, bec jaune
- ● Marais d'eau douce, étangs, lacs, cours d'eau
- ▲ Migrateur
- ✚ Mars-octobre

↔ 60 cm
↕ 90-95 cm

Aigrette garzette
Egretta garzetta

- ▸ Blanc, longues plumes pendantes derrière la tête en été
- ● Marais, estuaires, étangs
- ▲ Migrateur partiel

↔ 50 cm
↕ 90-95 c

Héron garde-bœufs
Bubulcus ibis

Goéland leucophée *Larus michaellis*

↔ 60 cm

Hardi et habile voilier, le goéland leucophée est aussi un **profiteur**. Qu'il saisisse un mollusque et le laisse tomber pour casser sa coquille ou qu'il profite des dépotoirs à ciel ouvert, le goéland saura toujours vous étonner par sa faculté d'adaptation. Il est appelé *acula marina* en corse.

- ▶ Taille d'une buse, beige et tacheté (jeune), gris et blanc (adulte)
- ● Fleuves, grands lacs, bord de mer, proximité des agglomérations...

Goéland d'Audouin *Larus audouinii*

Le rare goéland d'Audouin vit principalement en Méditerranée occidentale avec 90 % de ses effectifs sur les côtes et les îles espagnoles. Le Cap Corse et l'Archipel toscan constituent la limite nord de son aire de répartition. Son bec rouge et ses pattes grises le distinguent du leucophée.

- ▶ Beige et tacheté (jeune), gris et blanc (adulte), bec rouge, pattes sombres
- ● Côte

Cormorans

Cormoran huppé

↔ 70 cm

Grand cormoran

Spécialistes de la **chasse sous-marine**, les cormorans plongent et nagent parfaitement pour capturer leur mets favori : les poissons. Paradoxe de la nature, leur plumage n'est pas imperméable comme celui de la plupart des oiseaux d'eau ! Vous aurez sans doute l'occasion de les observer dans une position cocasse : perchés sur une branche ou un piquet, immobiles et les ailes écartées, les cormorans attendent que leurs plumes sèchent... En Corse, le cormoran huppé s'observe plus fréquemment que le grand cormoran qui n'est présent que l'hiver dans les zones humides.

Cormoran huppé
Phalacrocorax aristotelis

- ▶ Plumage adulte entièrement noir, tache jaune vif à la naissance du bec
- ● Le long des côtes

Grand cormoran
Phalacrocorax carbo

- ▶ Plumage entièrement noir, menton blanchâtre
- ● Bords de mer, littoral, fleuves et rivières, étangs et lacs
- ▲ Migrateur partiel

Limicoles

Sédentaires ou en migration, les limicoles sont bien présents sur le littoral corse. D'une taille petite à moyenne, ils sont équipés pour vivre et se nourrir sur les sols gorgés d'eau. La longueur de leurs pattes leur permet de progresser dans la **vase** et dans l'**eau peu profonde** sans difficulté. La plupart fouillent le sol de leur bec pour se nourrir d'invertébrés, de coquillages et de vers.

↔ 42 cm
↕ 70-75 cm

Avocette élégante
Recurvirostra avosetta

↔ 55 cm
↕ 90-105 cm

Courlis cendré
Numenius arquata

Bécasseau variable
Calidris alpina

↔ 18 cm
↕ 35 cm

Chevalier gambette
Tringa totanus

↔ 28 cm
↕ 50 cm

Grand gravelot
Charadrius hiaticula

↔ 20 cm
↕ 35-40 cm

Huîtrier-pie
Haematopus ostralegus

↔ 40 cm
↕ 75-80 cm

Anatidés

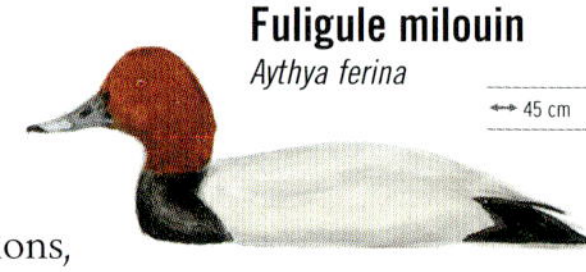

Fuligule milouin
Aythya ferina

Certaines espèces nichent chez nous. Mais c'est lorsqu'une vague de froid hivernal sévit dans le **nord** de l'Europe que de nombreux oiseaux d'eau descendent dans nos régions, là où les plans d'eau ne sont pas encore gelés. C'est le **froid de canard**… Le moment est idéal pour l'observation des anatidés (la famille des canards) sur les étangs. Souchets, sarcelles, milouins, morillons… forment des groupes souvent composés d'espèces différentes. Canards plongeurs et canards de surface se côtoient au milieu des foulques et des grèbes. À vos jumelles !

Sarcelle d'hiver
Anas crecca

Grèbe huppé *Podiceps cristatus*

▶ Huppe et collerette bien apparentes seulement au printemps

● Lacs, étangs, rivières calmes…

Le grèbe huppé force l'admiration par son **élégance** et sa formidable adaptation au milieu aquatique. Comme un sous-marin, il dispose de poches dans le plumage qu'il utilise comme ballast. Ses pattes, situées à l'arrière du corps, jouent le rôle d'hélice à propulsion : le grèbe peut ainsi atteindre sous l'eau la vitesse de 2 mètres par seconde !

Foulque macroule *Fulica atra*

▶ Bec et plaque frontale blancs, corps noir

● Étangs, rivières, marais…

Très commune, la foulque a de quoi vous étonner ! Sa façon de courir sur l'eau, en cas de poursuite et d'envol, laisse apparaître ses énormes pattes, qui semblent disproportionnées. Sa technique de plongée sous-marine n'est pas très au point : la foulque est obligée de faire un petit bond au-dessus de l'eau pour prendre de l'élan avant de s'immerger… Observez-la, vous trouverez d'autres détails amusants sur cet oiseau étrangement adapté à la vie aquatique !

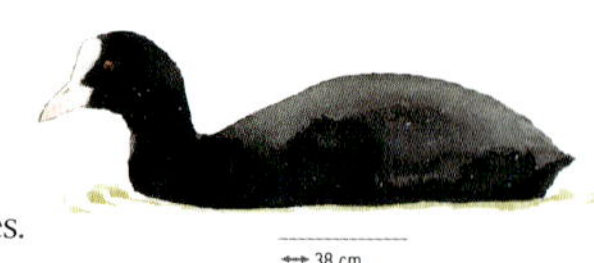

Rapaces

Faucon pèlerin *Falco peregrinus*

▶ Dessus clair barré de sombre, ailes pointues, queue courte

● Falaises

▲ Migrateur partiel

« Recordbird » de **vitesse** en piqué, le faucon pèlerin fond sur sa proie à la vitesse vertigineuse de 270 km/h ! Perché du haut de sa falaise, il guette… Qu'un oiseau semble malade et voici que le pèlerin prend de l'altitude pour mieux piquer. Souvent, la violence du choc suffit à tuer la proie. **Rare** et menacé, il a bien failli disparaître, notamment à cause de pesticides comme le DDT (aujourd'hui interdit), qui provoquaient sa stérilité !

Rollier d'Europe *Coracias garrulus*

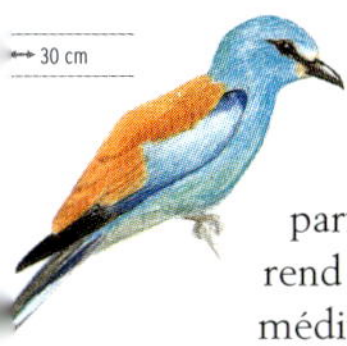

Vous l'observerez souvent posé en évidence sur les fils électriques et les poteaux téléphoniques. En effet, le rollier aime les postes d'affût qui dominent les zones ouvertes et ensoleillées. Depuis son perchoir, il repère puis se lance sur ses proies : les gros insectes (sauterelles, coléoptères) et parfois les lézards. Vous ne pouvez vous méprendre : sa couleur bleue intense le rend presque inconfondable, même de loin. Le rollier est un oiseau typiquement méditerranéen qui niche généralement dans les cavités de grands arbres.

- ▶ Taille d'une tourterelle, bec assez massif (silhouette semblable à celle d'une corneille), dessous bleu pâle, rémiges bleu violet foncé
- ● Paysages ouverts, bords de route...
- ▲ Migrateur
- ✚ Mai-septembre

Guêpier d'Europe *Merops apiaster*

Des « krup » retentissent. Cherchez dans le ciel pour localiser la petite bande de guêpiers qui est en chasse. Le guêpier est un oiseau migrateur qui vient se reproduire dans nos régions. Il vit en colonie et niche dans des **terriers** creusés dans des parois meubles. Pour éviter que le nid ne devienne invivable, les parents avalent les fientes des poussins... Son nom lui vient de son alimentation, composée de gros **insectes** : des libellules, des coléoptères et, bien sûr, des guêpes qu'il peut saisir sans se faire piquer grâce à son long bec. Aussi agile que coloré, il écrase ses victimes contre son perchoir, éjectant ainsi le dard venimeux, avant de les offrir à ses petits.

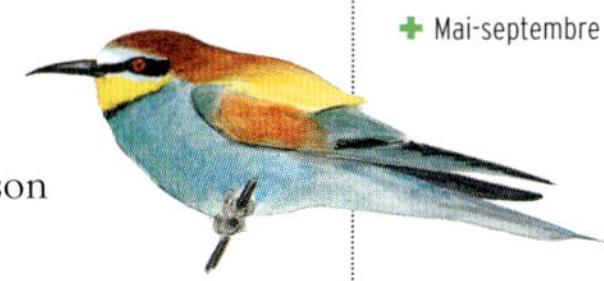

- ▶ « Inconfondable » !
- ● Sablières, carrières, bord des canaux, pelouses...
- ▲ Migrateur
- ✚ Mai-septembre

Martin-pêcheur *Alcedo atthis*

Le sifflement perçant, un **éclair bleu** passe rapidement au ras de l'eau : le martin-pêcheur inspecte son territoire de chasse. Grand spécialiste de la **pêche**, il attend, immobile, sur une branche généralement basse et située au-dessus de l'eau. Au moindre scintillement, il plonge telle une flèche et capture le poisson qui s'est ainsi trahi. Le martin-pêcheur creuse des galeries dans les berges pour nicher. Celles-ci peuvent atteindre un mètre de profondeur !

- ▶ Petit oiseau, bleu et roux, au long bec
- ● Rivières et ruisseaux lents, étangs, bords de mer...

Fauvette sarde *Sylvia sarda*

Un mouvement rapide parmi les cistes de Montpellier, ce petit oiseau de couleur grise est endémique* des îles de Méditerranée occidentale. Cette fauvette occupe les maquis* bas ne dépassant pas une hauteur de 1,50 m et les affleurements rocheux.Elle se reproduit du littoral jusqu'à 1 550 m en montagne.

- ▶ Petit oiseau gris, œil curieux et queue longue
- ▲ Sédentaire
- ✚ Avril-juin

Reptiles

Tarente de Maurétanie *Tarentola mauritanica*

Ses larges doigts sont pourvus de pelotes **adhésives** qui lui permettent de se déplacer sur les surfaces verticales les plus lisses, même à vive allure. Active surtout la **nuit**, elle adore les murs éclairés par les **lampadaires** : ils attirent papillons et moustiques (dont elle fait grande consommation)... Vous pouvez observer assez facilement la tarente les soirs d'été. Elle est très attachée à son territoire : lorsque vous l'apercevez à un endroit, vous êtes pratiquement certain de la revoir dans les environs les jours prochains. Il lui arrive parfois de rentrer dans les maisons ! Il existe deux autres geckos en Corse : l'hemidactyle et le phyllodactyle.

- ▶ Aspect trapu, corps et doigts aplatis, écailles épineuses sur le dos, pupilles de chat
- ● Murs, rochers, toitures, parfois vieux arbres des régions côtières
- ▲ Hiberne d'octobre à mars

18-24 cm

Lézard tiliguerta *Podarcis tiliguerta*

▸ Vit seulement en Corse et en Sardaigne, corps assez massif de couleur variable, longue queue

● Endroits secs de Corse et des îles satellites, ruines, côtes rocheuses...

Agile et très rapide, le lézard tiliguerta occupe des milieux très variés en Corse, du bord de mer jusqu'à 1 700 m environ, en évitant les milieux forestiers très fermés. Il est aussi présent sur plusieurs dizaines d'**îlots** satellites de la Corse. Il n'a pas colonisé ces îlots. Les lézards actuels se sont retrouvés isolés suite à l'élévation du niveau de la mer (il y a 3000 à 20000 ans environ), qui a eu pour effet d'encercler d'eau les collines où ils vivaient. Ses populations peuvent atteindre de très fortes densités par endroit, sur les îles ou dans certaines localités entre 1 100 et 1 200 mètres d'altitude.

17 cm

Lézard de Sicile *Podarcis sicula*

▸ Dos très vert chez les mâles, femelles plus ternes

● Milieux secs et ensoleillés : ruines, villages, rochers...

✚ Hiberne d'octobre à mars

Le lézard de Sicile se déplace avec **agilité** aussi bien à la verticale qu'à l'horizontale pour chasser ses proies : mouches, araignées, papillons et autres invertébrés. Bien qu'il hiberne en général d'octobre à mars, le lézard de Sicile (comme la plupart des lézards) peut **interrompre son sommeil** et profiter d'une météo hivernale clémente pour se réchauffer au soleil. Il a été **introduit** involontairement en Corse une première fois de Toscane, il y a quelques siècles. Plus « costaud » que le tiliguerta, le lézard de Sicile entre en compétition avec lui et l'élimine sur les zones les plus plates (la côte orientale). Une autre introduction a eu lieu vers Bonifacio, en provenance de Sardaigne.

Lézard de Bedriaga *Archaeolacerta bedriagae*

▸ Le plus grand des lézards de Corse, corps et tête aplatis ; coloration très variable ; jeunes lézards portent une queue bleu-vert

● Blocs rocheux, souvent au bord des ruisseaux

Ce lézard endémique* de Corse-Sardaigne est vénérable. Lui ou ses ancêtres occupent ces territoires depuis plusieurs millions (ou dizaines de millions) d'années ! Il est surtout montagnard et parvient à vivre sur les plus hauts sommets où il s'est réfugié sans doute à la suite de l'arrivée d'un concurrent plus « moderne », le lézard tiliguerta, il y a un million d'années. Certaines populations subsistent cependant sur le littoral où les lézards, farouches, vivent surtout sur les grands blocs de granite.

20 cm

Cistude d'Europe *Emys orbicularis*

▸ Tortue aquatique, carapace aplatie, tête et corps olive, moucheté de jaune

● Étangs, grandes mares, rivières à cours lent, marais, fossés riches en végétation

✚ Hiberne d'octobre à mars et estive en juillet-août

La cistude est une rare petite **tortue d'eau douce** surtout active au printemps. C'est au lever du jour que vous aurez le plus de chance de l'apercevoir. Avant de se mettre en chasse elle augmente sa température corporelle en s'exposant au soleil, sur une pierre ou sur une branche. Au moindre bruit elle se réfugie dans l'eau. La cistude se nourrit d'insectes aquatiques et de têtards, accompagnés de quelques cadavres d'animaux… Ne la confondez pas avec la tortue de Floride (vendue dans les animaleries) qui trop souvent relâchée dans la nature, devient envahissante et présente une menace pour les écosystèmes aquatiques, particulièrement vulnérables dans les îles.

↔ 25 cm

Tortue d'Hermann *Testudo hermanni hermanni*

Unique tortue terrestre de France, la tortue d'Hermann ne survit pratiquement plus qu'en Corse et dans le Var. Rare et menacée, elle est victime des incendies, de l'urbanisation, des cultures intensives et des **enfants** qui veulent la ramener à la maison, ce qui est rigoureusement **interdit**. C'est en journée qu'elle recherche sa nourriture composée de divers végétaux.

▶ Tortue terrestre, carapace fort bombée, plaque divisée en 2 écailles juste au-dessus de la queue (si la plaque n'est pas divisée, c'est une espèce introduite : la tortue grecque)

● Maquis*, zones de chênes-lièges pâturées par des brebis...

Couleuvre verte et jaune *Hierophis viridiflavus*

↔ 100-103 cm

Elle est appelée aussi « cinglant » ou « fouet » car lorsqu'elle est dérangée, la couleuvre verte et jaune s'enfuit très rapidement en fouettant les herbes de sa queue. Ne tentez pas de l'attraper : d'une part c'est interdit par la loi (elle est intégralement **protégée**) et d'autre part elle vous mordrait avec hargne ! Bien que sa morsure soit complètement **inoffensive**, elle est néanmoins douloureuse… Elle passe le plus souvent inaperçue, cachée dans la végétation. Vous pourrez plus facilement l'observer aux mois d'avril-mai, lors des parades sexuelles. Elle hiberne sous terre dans un trou, une vieille souche et parfois avec d'autres de ses semblables.

▶ Longue et fine couleuvre, verte foncée à noire, mouchetée puis striée de taches jaunes, souvent très sombre en Corse

● Lisières de bois, haies, vieux murs, bordures de chemins, maquis, endroits secs et ensoleillés

Discoglosse sarde *Discoglossus sardus*

↔ 5-7 cm

Ce petit crapaud, à l'allure de grenouille, vit en Corse, en Sardaigne, sur quelques îles toscanes et sur les îles d'Hyères de Port-Cros et du Levant. C'est une relique de l'époque reculée où il était possible de rallier à « pattes sèches » ces territoires aujourd'hui insulaires. Il est bien répandu en Corse et se reproduit au printemps et en automne dans des petites collections d'eau (flaques, suintements, ruisselets) souvent temporaires. Son cousin, le discoglosse corse, est lui strictement endémique de Corse ; il est encore plus ancien et ne semble pas fréquenter le littoral.

▶ Couleur brune, marron, rougeâtre, très variable. Tache dorsale triangulaire marron clair. Tympan indiscernable (contrairement à la grenouille verte)

Salamandre de Corse *Salamandra corsica*

↔ 20 cm

La salamandre est presque exclusivement **terrestre**. Les femelles ne se risquent dans l'eau que pour libérer leurs larves dès la sortie de l'hiver. Mauvaises nageuses, il arrive parfois qu'elles se noient ! Les salamandres ont besoin d'un degré d'humidité important : elles ne sortent que la nuit, ou sitôt après de bonnes averses. L'espèce est commune mais localisée (hêtraies et châtaigneraies). Les larves vivent souvent dans des sources fraîches et bien oxygénées. L'**espèce endémique** de Corse a des taches jaunes plus petites que le dessin présenté ici.

▶ Corps massif noir et jaune, queue ronde, glandes derrière les yeux

● Forêts, bois...

Grenouille verte *Pelophylax bergeri*

↔ 8-10 cm

Très commune, la grenouille verte passe l'essentiel de sa journée dans l'eau ou sur les berges pour se chauffer au soleil. À la moindre alerte, elle **plonge** et se cache dans la vase. Très vorace, elle se nourrit d'insectes, d'alevins et parfois de petits rongeurs ! Vous l'entendrez chanter pendant presque toute la belle saison. En avril, les grenouilles vertes s'accouplent et pondent leurs amas d'œufs. Il existe d'**autres « grenouilles »** en Corse, comme le discoglosse corse, la rainette de Sardaigne, le crapaud vert…

▶ Dos en général vert, parfois brun, orné de taches noires, souvent une ligne vertébrale claire

● Mares, bassins, étangs, fossés, bras morts ensoleillés avec de la végétation aquatique

Mammifères

▶ Corps massif et tête imposante

● Forêts, taillis, bois, marais

Marcassin

Sanglier

60-150 kg
150-160 cm

Sanglier *Sus scrofa*

Les sangliers vivent dans une **compagnie** dirigée par une femelle dominante. Les vieux mâles, eux, préfèrent la solitude. Essentiellement végétarien, quoique omnivore, le sanglier laboure la terre de son **groin** à la recherche des glands, des racines, des champignons… qui constituent sa nourriture. Son menu varie selon les saisons. Affamé, il peut causer des dégâts aux cultures. La **laie** (femelle du sanglier) construit un nid pour mettre au mondes ses marcassins : le **chaudron**. C'est un amas de feuilles et de branches qu'elle a entassé et creusé. Les **marcassins** y restent quelques jours.

Renard *Vulpes vulpes*

▶ Semblable à un petit chien, pelage roux, longue queue touffue

● Fréquente toutes sortes de milieux

4-10 kg
120-140 cm

Assez répandu, le renard est un prédateur opportuniste qui mange tout ce qui lui tombe sous la dent : oiseaux, charognes, fruits, insectes, etc. Il lui arrive même de faire les poubelles lorsqu'il habite à proximité d'habitations. C'est au petit matin ou au crépuscule qu'il part en maraude mais on peut le surprendre la journée quand il élève ses petits ou quand il neige. Le renard loge dans des terriers qu'il creuse ou dans des cavités abandonnées. Vous pourrez reconnaître un terrier habité par un **goupil** : une odeur désagréable s'en dégage !

Rat noir *Rattus rattus*

▶ Aspect de souris mais beaucoup plus grand, pelage le plus souvent roux, grandes et fines oreilles

● Maisons, maquis…

Habile **acrobate**, le rat noir grimpe et saute avec aisance au point qu'il peut se déplacer sur du fil de fer tendu. C'est parfois dans les combles qu'il aime faire son nid en papier, paille ou chiffon, bien qu'il soit aussi très commun dans le maquis*, où la présence de son nid dans un arbre n'est pas rare.

80-280 g
35-50 cm

Belette *Mustela nivalis*

▶ Plus petit carnivore d'Europe

● Forêt et maquis

40-130 g
17-27 cm

Les mustélidés, famille qui comprend l'hermine, la martre, la fouine et le putois, ont pour unique représentant en Corse la **belette**. Vous l'observerez la plupart du temps dans sa course : une longue touffe de poils qui escalade un mur ou un tronc, et puis plus rien… Vous la prendrez peut-être pour un écureuil : ne vous y trompez pas, il n'y a pas d'écureuils sur l'île !

Hérisson *Erinaceus europaeus*

0,5-12 kg
22-28 cm

Alors que le mammouth et le tigre à dents de sabre ont disparu depuis longtemps de la surface du globe, le hérisson a su **traverser** les millions d'années qui nous séparent de ces temps reculés. Son dos hérissé de près de **5 000 piquants** lui a facilité la tâche. Mais, aujourd'hui, le hérisson est confronté à un danger bien moderne : les roues des voitures… Nocturne, il déambule la nuit à la recherche de vers de terre et de divers insectes. La proximité des habitations ne lui fait pas peur et il aime chasser dans les jardins. Il hiberne de novembre à mars.

- ▶ Dos hérissé de piquants
- ● Bois, forêts, prairies…

Souris et mulot *Mus sp., apodemus sylvaticus*

Souris

15-35 g
14-23 cm

Souris et mulot sont de proches cousins qui se ressemblent énormément. Les premières préfèrent la vie aux côtés des hommes tandis que les seconds sont davantage forestiers. Ces petits rongeurs se distinguent par leur incroyable capacité de **reproduction**. Imaginez qu'une souris grise, dans votre maison, peut se reproduire jusqu'à 10 fois dans une année. Sachant que chaque portée compte jusqu'à 8 petits qui, eux aussi, pourront se reproduire au bout de six semaines, faites le calcul… et cachez vos provisions !

Mulot

- ▶ Grandes oreilles et longue queue
- ● Habitations (souris), forêt, maquis (mulot)

Petit rhinolophe *Rhinolophus hipposideros*

xx g
xx cm

Le petit rhinolophe est une chauve-souris de petite taille, qui **pèse environ 5 g** et dont l'envergure peut approcher les 25 cm. Il se caractérise, à l'instar des quatre autres espèces de rhinolophes que l'on peut trouver dans notre pays, par un appendice nasal tout à fait particulier dont la forme rappelle celle d'un fer à cheval.

- ▶ Au repos, suspendu la tête en bas
- ● Commun en Corse, pagliaghi et bâtiments abandonnés

Insectes

Jason
Charaxes jasius

Porte-queue de Corse
Papilio hospiton

Index des photographies de faune et de flore

En italique, les espèces végétales

Aconit napel

Cytise à trois fleurs

Orchis papillon

Merci aux équipes du Conservatoire du littoral, aux gardes du littoral, aux animateurs et gestionnaires de sites de s'engager si fort pour préserver un si bel héritage. Sans eux, ce guide n'aurait pas vu le jour.

Dakota éditions

20, rue Bouvier, 75011 Paris – Tél. 01 55 28 37 00 – www.dakotaeditions.com ou http://dakotaeditions.wordpress.com – entre-terre-et-mer@wdakota.com

Direction éditoriale : **Caroline Fait** – Collection dirigée par **Axel Vicq** – Conception graphique : **Emmanuelle Patient**

Coordination du projet au sein de la délégation Corse du Conservatoire du littoral : **Michel Delaugerre**.

Les auteurs

Daniel Kempa pour le texte d'introduction, pour les sites 4, 5, 10, 11, 12 (balade), 13 (balades Sentier de la tour et Conca-Senetosa), 14, 15 (balade, collaboration sur la présentation), 17, 19, 20, et le texte « Tours génoises, les sentinelles de la Corse ». **Corinne Gense** pour les sites 9, 16 et 18. **Jean E. Roché** pour les sites 2, 3, 6, 7, 8. **Juliette Nicoli** pour le site 1 (présentation). **Olivier Nicoli** pour les sites 12 (présentation), 13 (présentation, balade Canuseddu), 15 (présentation). **Gilles Faggio** (AAPNRC) pour le site 1 (balade). **Michel Delaugerre** pour les textes « Préserver les rivages de Corse » et les introductions des 6 chapitres. **Sylvia Degiacomi** pour les textes « Autres rivages à explorer ».
Avec la collaboration d'**Emmanuel Lopez †** (« Le Conservatoire du littoral, pourquoi et pour quoi faire ? »).

Les illustrateurs

Dessins de **Cyril Leroy** (pages 83, 92, 97, 110, 153 [fauvette sarde], 154 [lézard de Bedriaga], 155 [discoglosse sarde], 157 papillons jason et porte-queue de Corse]), **Jean Chevallier** (pages 35, 87, 103, 107, 109, 114, 130, 132, 145, 149 [chêne vert, salicorne, obione et posidonies], 150 à 157 [sauf fauvette sarde, lézard de Bedriaga, discoglosse sarde, papillons jason et porte-queue de Corse] et **Serge Nicolle** (pages 148-149 les dessins de myrte, ciste, bruyère arborescente, pistachier, crithme maritime, barbe de Jupiter, chêne-liège et tamaris).

Cartes

Les cartes figurant dans cet ouvrage ont été réalisées à partir de fonds cartographiques de l'IGN – Tous droits réservés – Convention n°9043 – © IGN Paris 2011. Fond de carte général de la Corse : Fondation Total pour la biodiversité et la Mer – Droits réservés.

Remerciements

• Le personnel du Conservatoire du littoral : **Anne Konitz** (déléguée à la communication et au mécénat), **Michel Muracciole** (délégué de Rivages Corse), **Michel Delaugerre** (chargé de la communication et chargé de mission), **Fabienne Galleras**, **Sophie Lorenzo**, **Anne Martinetti**, **Isabelle Guyot**, **Bénédicte Benoit-Sisco**.
• Le personnel du Département de la Corse-du-Sud : **Jean-Michel Di Rosa** (Directeur de l'Environnement), **Stéphanie Jacquemin** (Service de l'Environnement), **Olivier Agostini**, **José Borghesi**, **Christophe Accardo**, **Frédéric Maïnetti**, **Paul Versini**, **Jean Michel Peneau**, **François Pompei**, **Sébastien Quiquerez**, **Patrick Tramoni** (chefs de secteurs et gardes du littoral).
• Le personnel du Département de la Haute-Corse : **Christophe Santucci** (Chef de service de la gestion des terrains du littoral), **Stéphanie Marchetti** (gestion des terrains du littoral) et **Paul Giovannoni**, **Xavier Paoli**, **Dominique Casanova**, **Laurent Querci**, **Jean-Louis Pietrera**, **Paul Poli** (chef de secteur et gardes du littoral).
• Le personnel de l'Office de l'Environnement de la Corse, Réserve Naturelle des Bouches de Bonifacio, Département « Parc Marin International des Bouches de Bonifacio » : **Guy-François Frisoni** (Directeur de l'Office de l'Environnement), **Mady Cansemi** (Directrice PMI), **Jean-Michel Culioli** (responsable scientifique du Parc Marin des Bouches de Bonifacio), **Jean-Louis Pieraggi** (guide animateur), **Marie Laurore Pozzo di Borgo** (Conservatrice de la Réserve naturelle des Tre Padule de Suartone et responsable de l'équipe gestionnaire des terrains Conservatoire sur le territoire extrême-sud), **Dominique Porsmoguer**, **Jean-François Bouin**, **Benoît Berquez**, **Patrice Giudicelli** (gardes du littoral).
• Le personnel du Syndicat Intercommunal de Gestion des Espaces Naturels Littoraux du Sartenais ELISA : **Stéphane Cianfarani**, **Abdelghani El Khettabi** et son président **Laurent Tramoni**.
• Le personnel du Parc naturel régional de Corse, en la personne de **Jean-Baptiste d'Angeli**.
• Mais aussi : **Henri-Christian Van der Heyde** (Kayak Location à Galeria), **Julien Cugurno** (pêcheur à Palu), **Jean-Laurent Lucchesi**, **Alain Di Meglio** (sociologue), **Jocelyne** et **Daniel Rezé** pour leur accueil chaleureux et leur aide logistique, **Dominique** et **Corola Gense** pour leur relecture attentive.

Crédits photographiques (a : en haut à gauche, puis de gauche à droite et de haut en bas)

Couverture : Golfe de Porto © Pierre Huchette – www.pierre-huchette.com • **Dos de couverture** (de haut en bas) : © Daniel Kempa, Jean E. Roché, B. Bouvier/Fotolia, Daniel Bonardelle/Fotolia, Gaël Modrak/Fotolia.
Conservatoire du littoral : 21b, 29, 40, 51, 52, 53b, 76, 78, 113, 142, 143, 144. E. Vialet / Conservatoire du littoral : 94. M. Luccioni / Conservatoire du littoral : 41. Corinne Gense : 3d, 5a, 4, 9, 23b, 39, 49, 82, 83, 89, 93, 95b, 95c, 97, 119, 120, 121, 124, 125, 132, 135b, 137. Pierre Huchette : 6-7, 10-11, 13, 14a, 14b, 15, 16-17, 18a, 18b, 19, 20a, 21a, 23a, 23c, 24a, 24-25 (bas), 30-31, 32, 34, 35, 47a, 59, 63, 67, 70, 71b, 73, 81, 86, 90-91, 102-103, 106, 109, 112, 128, 135a, 138-139, 140. Daniel Kempa : 5b, 18c, 20b, 48, 53a, 55, 85, 95a, 101, 110, 115a, 115b, 129, 131, 134. Jean E. Roché : 12, 22a, 22b, 22c, 24b, 25a, 40, 43, 44, 45a, 45b, 47b, 57, 60, 61, 62, 65, 69a, 69b, 71a, 74, 75, 87, 123, 158a, b, c. Yco/Shutterstock : 104-105. B. Bouvier/ Fotolia : 26. Camille Moirenc /Hemis.fr : 27.

Dakota éditions 2011 – ISBN : 978-2-84640-336-8 – Dépôt légal : 2e trimestre 2011.

Malgré le soin apporté à cette édition, elle ne saurait être parfaite. N'hésitez pas à nous écrire pour nous faire part de vos remarques.

Imprimé en Pologne par Rpartenaires

*Glossaire du littoral

Anémomorphose, anémomorphisme : dont la forme est modelée par le vent.
Calanque : crique étroite et allongée, bordée de rochers abrupts.
Colluvions : terre emportée au pied des pentes.
Corailleur : pêcheur de corail.
Démasclage : enlèvement de la première écorce, ou liège-mâle, du chêne-liège.
Diatomées : microalgues constituant majoritairement le plancton et à l'origine de réseaux alimentaires de nombreuses espèces.
Endémique : se dit d'une espèce vivant dans une région particulière et nulle part ailleurs.
Étiage : période de l'année où le débit d'un cours d'eau atteint son niveau le plus bas.
Ganivelle : barrière en châtaignier servant généralement à fixer le sable sur les côtes.
Géophyte (plante) : plante capable de passer la mauvaise saison enfouie dans le sol.
Grau : chenal faisant communiquer les lagunes et la mer.
Halieutique : exploitation des ressources vivantes en milieu aquatique.
Lagune : étendue d'eau saumâtre littorale, souvent peu profonde et à niveau variable.
Libecciu : vent le plus fréquent en Corse, touchant l'île par l'ouest-sud-ouest.
Lido : cordon littoral sableux isolant une lagune de la mer.
Maestrale : vent issu du mistral et soufflant en rafales sur le nord-ouest de la Corse.
Maquis : association végétale touffue et dense qui caractérise les sols siliceux.
Pailler (*pagliaghju*) : habitation paysanne servant aussi au stockage des récoltes.
Paradières : filet de pêche faisant barrage à la circulation des poissons
Pélagique : relatif à la haute mer.
Phragmitaies : étendue de roseaux phragmites.
Platelage : chemin de bois sur pilotis en zone humide.
Posidonie : plante à fleur marine formant à faible profondeur de vastes herbiers jouant un rôle essentiel dans les écosystèmes littoraux. Voir pages 33, 41, 53, 135.
Pré-salé : pâturage côtier plus ou moins périodiquement inondé par la mer.
Punente : vent soufflant sur la Corse par l'ouest.
Relictuel (milieu) : écosystème isolé, vestige d'un ancien écosystème qui s'étendait sur une zone plus vaste.
Réserve intégrale : réserve biologique où les activités humaines sont réduites au strict minimum.
Restanque : murets de pierres sèches sur pente retenant la terre en vue de cultures en terrasses.
Rhizome : tige souterraine ou subaquatique de certaines plantes vivaces.
Ria : rivière encaissée dont l'embouchure est profondément envahie par la mer.
Ripisylve : forêt riveraine d'un cours d'eau ou d'un étang.
Risée : augmentation subite et peu durable de la force du vent.
Sansouire : steppe sur sol salé dominée par des salicornes, herbacées ou buissonnantes.
Saumâtre : constitué d'un mélange d'eau douce et d'eau de mer.
Sciroccu : vent sec et chaud venu d'Afrique du Nord et soufflant sur le sud-est de la Corse.
Succulence : adaptation des plantes au sel par le développement de tissus gorgés d'eau.
Taffonu (pluriel *taffoni*) : roches creusées de cavités par l'érosion.

Sources : Conservatoire du littoral, Wikipedia, Jean E. Roché, Daniel Kempa, Corinne Gense.

Les définitions ci-dessus correspondent aux mots marqués d'un astérique au fil des pages.